从零开始学
直播营销与运营

柏承能　编著

清华大学出版社

北京

内 容 简 介

如何快速学会直播？如何让直播效果达到并超出预期？如何避免犯错？

本书从直播的11个专题角度出发，系统地介绍了直播形式、直播平台、主播打造、内容呈现、平台运营、粉丝运营、直播营销、直播变现、服装直播技巧、主播IP、直播误区等内容。

书中从直播的基础理论到案例实战，有步骤，有方法，落实性强，执行性高，能帮助读者从入门到精通直播营销与运营，提升成功率，降低失败概率。

本书适合电商商家、品牌企业、内容创业者、自媒体人、直播或短视频运营人员阅读。

本书封面贴有清华大学出版社防伪标签，无标签者不得销售。
版权所有，侵权必究。举报：010-62782989，beiqinquan@tup.tsinghua.edu.cn。

图书在版编目(CIP)数据

从零开始学直播营销与运营 / 柏承能编著. —北京：清华大学出版社，2020.8(2022.7重印)
ISBN 978-7-302-56229-0

Ⅰ.①从… Ⅱ.①柏… Ⅲ.①网络营销 Ⅳ.①F713.365.2

中国版本图书馆CIP数据核字(2020)第151133号

责任编辑：张　瑜
封面设计：杨玉兰
责任校对：李玉茹
责任印制：曹婉颖

出版发行：清华大学出版社
　　　　网　　　址：http://www.tup.com.cn, http://www.wqbook.com
　　　　地　　　址：北京清华大学学研大厦A座　　　邮　　编：100084
　　　　社 总 机：010-83470000　　　邮　　购：010-62786544
　　　　投稿与读者服务：010-62776969, c-service@tup.tsinghua.edu.cn
　　　　质量反馈：010-62772015, zhiliang@tup.tsinghua.edu.cn
印 装 者：北京博海升彩色印刷有限公司
经　　销：全国新华书店
开　　本：170mm×240mm　　印　张：15　　字　数：355千字
版　　次：2020年10月第1版　　　　　印　次：2022年7月第3次印刷
定　　价：59.80元

产品编号：067861-01

前言

在网红经济的大时代,直播逐渐渗透到我们的生活中。数据显示,2016—2019年,中国在线直播用户规模呈直线上升趋势,2019年中国在线直播用户规模达5.01亿人,增长率为14.6%,预计2020年在线直播用户规模达到5.24亿人。

淘榜单联合淘宝直播发布的《2019年淘宝直播生态发展趋势报告》中指出,淘宝直播已经发展成为电商在新时代的新产业,随着商家、主播、消费者全方位拥抱淘宝直播,内外部发展条件的成熟,将推动淘宝直播持续爆发。数据显示,2018年淘宝直播平台带货超千亿,同比增速近400%,创造了一个全新的千亿级增量市场。经过这几年的积淀,越来越多的行业被淘宝直播改造。

直播为各行各业创造了人人可参与的新就业模式。以淘宝直播为例,2019年的双11,全天淘宝直播带动成交接近200亿元;淘宝直播启动仅63分钟,带动的成交额就超过2018年双11全天。

越来越多的人开始关注直播、参与直播,而如何进行直播、培育主播、营销运营、IP直播变现也自然而然地成了很多人关注的热点问题。本书旨在从这4个方面给大家提供诸多有用的技巧。

在进入任何一个领域时,都应该对该领域有一个全面的了解,在学习时要有清晰的结构和丰富的实例,否则在学习过程中就会觉得一头雾水。所以,学习关于直播方面的知识时,一定要对直播本身有清晰的了解,然后才是学习实用性的技巧。

本书不仅能手把手教会你直播运营和营销,还能让你学会如何变成一个优秀的主播。本书紧跟直播潮流热点,不仅介绍了直播平台、直播的类型、直播的内容形式、直播的营销模式,而且还将其与案例结合,旨在帮助大家把握直播发展的方向,紧扣直播创业者、运营者的痛点和难点。书中不仅讲方法,更讲盈利技巧,总结了几十种经典的直播盈利模式,帮助大家尽快实现赚钱盈利。

编者想说的是,相对于市面上其他类型的书,本书的内容更详细、更全面、更实用。很多其他讲直播的书,要么只谈直播本身,要么专门介绍营销运营,内容都不怎么全面。因此,希望本书能带给大家一次系统、全面、高效的学习体验,花一本书的钱学到两本书的内容。

最后当然希望大家能够将书中的知识全部学会、学透,这样在涉足直播行业时,就会更加得心应手,以后做好IP打造、直播变现、营销运营也就不在话下了。

　　本书由柏承能编著,参与编写的人员还有谭焱等,在此表示感谢。由于编者知识水平有限,书中难免有错误和疏漏之处,恳请广大读者批评、指正。

编　者

目录

第1章 初步了解，直播入门……………1

1.1 入门基础，快速了解 …………… 2
- 1.1.1 视频社交，更加鲜活……… 2
- 1.1.2 娱乐营销，与众不同……… 3
- 1.1.3 信息传播，直观新颖……… 4

1.2 硬件设备，轻松开播 …………… 6
- 1.2.1 手机直播，如何准备……… 6
- 1.2.2 电脑直播，注意什么……… 7
- 1.2.3 户外直播，还需这样……… 8

1.3 直播内容，五花八门 …………… 8
- 1.3.1 4种风格，玩转直播……… 8
- 1.3.2 网络直播，更具特色……… 9

1.4 关于直播，6大形式 …………… 10
- 1.4.1 游戏直播，重要支撑 …… 10
- 1.4.2 才艺直播，尤为重要……… 12
- 1.4.3 动漫直播，经久不衰……… 13
- 1.4.4 语音直播，情感丰满……… 15
- 1.4.5 搞笑直播，最受欢迎……… 17
- 1.4.6 文学直播，不可抵挡……… 17

第2章 直播平台，各具特色………… 19

2.1 抖音直播，内容为王 …………… 20
- 2.1.1 直播入口，方便快捷……… 20
- 2.1.2 开通步骤，简单快速……… 21
- 2.1.3 吸粉引流，凝聚粉丝……… 24
- 2.1.4 互动玩法，提高黏性……… 27

2.2 淘宝直播，营销利器 …………… 29
- 2.2.1 了解平台入驻方法……… 29
- 2.2.2 运营技巧，尤为关键……… 32

2.3 快手直播，以"人"带货…………… 34
- 2.3.1 开通直播，过程详解……… 34
- 2.3.2 找对方式，精准运营……… 37

2.4 聚美直播，信任消费 …………… 42

第3章 打造主播，快速成长………… 45

3.1 学会包装，更加亮眼 …………… 46
- 3.1.1 好的妆容，最能加分……… 46
- 3.1.2 衣着发型，也很重要……… 47
- 3.1.3 精神面貌，认真投入……… 47

3.2 提升素质，成功聚粉 …………… 48
- 3.2.1 播前准备，确保无误……… 48
- 3.2.2 直播中途，适时调整……… 48
- 3.2.3 播后总结，吸取经验 …… 48

3.3 主播成长，5大专业 …………… 49
- 3.3.1 成长之一，专业能力……… 49
- 3.3.2 成长之二，语言能力……… 50
- 3.3.3 成长之三，幽默技巧……… 52
- 3.3.4 成长之四，应对提问……… 54
- 3.3.5 成长之五，心理素质……… 55

3.4 确定人设，脱颖而出 …………… 57
- 3.4.1 好的人设，尤为重要……… 57
- 3.4.2 找准方向，确定类型……… 58
- 3.4.3 打造差异，用心经营……… 59
- 3.4.4 清晰定位，专属直播……… 60

3.5 掌握话术，提升能力 …………… 62
- 3.5.1 欢迎话术，量身定制……… 62

3.5.2　感谢话术，表达真诚……… 63
  3.5.3　提问话术，提供选择……… 63
  3.5.4　引导话术，注意技巧……… 64
  3.5.5　下播话术，必不可少……… 64

第4章　内容为王，解决需求………… 67

 4.1　内容模式，两个方面……………… 68
  4.1.1　明确内容，找传播点……… 68
  4.1.2　在直播时，必须真实……… 68
 4.2　内外联系，选择方向……………… 69
  4.2.1　从内来看，专业技能……… 69
  4.2.2　从外来看，迎合兴趣……… 70
 4.3　呈现产品，更为具体……………… 71
  4.3.1　全面呈现产品实体……… 72
  4.3.2　鲜明呈现产品组成……… 73
 4.4　大胆展示，产品优势……………… 74
  4.4.1　利用文案，体现优势……… 74
  4.4.2　实际操作，更为直观……… 75
 4.5　用户参与，内容生产……………… 76
 4.6　邀请高手，增添趣味……………… 77
 4.7　提供软需，增值内容……………… 79
  4.7.1　用户共享，提升好感……… 80
  4.7.2　陪伴共鸣，增强黏性……… 80
  4.7.3　边播边做，学到知识……… 80
 4.8　CEO上阵，更多期待……………… 81

第5章　这样运营，事半功倍………… 83

 5.1　直播主题，用户为主……………… 84
  5.1.1　直播目的，做好准备……… 84
  5.1.2　用户角度，迎合口味……… 85
  5.1.3　抓住热点，切记及时……… 86
  5.1.4　打造噱头，锦上添花……… 88

  5.1.5　围绕特点，展现优势……… 89
 5.2　找准渠道，多方出击……………… 90
  5.2.1　"发布会+直播"，平台同步……………………………… 91
  5.2.2　"作秀+直播"，掌握技巧……………………………… 91
  5.2.3　"颜值+直播"，不只颜值……………………………… 92
  5.2.4　"限时+直播"，抓住心理……………………………… 93
  5.2.5　"IP+直播"，效果可观……………………………… 94
 5.3　优质内容，全面打造……………… 95
  5.3.1　内容包装，额外曝光……… 95
  5.3.2　互动参与，了解动态……… 95
  5.3.3　内容攻心，情景诱导……… 96
  5.3.4　口碑营销，口口相传……… 96
  5.3.5　病毒传播，广泛传播……… 96
  5.3.6　事件营销，结合时事……… 97
  5.3.7　创意营销，高点击量……… 97
  5.3.8　技术创新，令人期待……… 97
  5.3.9　真实营销，明确需求……… 98
  5.3.10　创新内容，"无边界"式… 99
  5.3.11　增值内容，满足需求…… 100
 5.4　直播推广，集多平台…………… 101
  5.4.1　社交网络，自由推广…… 101
  5.4.2　品牌口碑，专业推广…… 102
  5.4.3　论坛推广，内容丰富…… 103
  5.4.4　软文推广，提取关键…… 104
  5.4.5　联盟推广，跨越平台…… 105
  5.4.6　"地推+直播"，新兴推广……………………………… 105

5.4.7 借势造势，联合推广………… 105

第6章 粉丝运营，重中之重………… 107

6.1 私域流量，获取粉丝…………… 108
6.1.1 社交平台，站外拉新………… 108
6.1.2 店铺微淘，站内拉新………… 115
6.1.3 创建社群，增强黏性………… 117

6.2 公域流量，更多曝光…………… 117

6.3 巩固粉丝，持续经营…………… 119
6.3.1 通过人设，进行吸粉………… 119
6.3.2 个性语言，吸引粉丝………… 120
6.3.3 互关粉丝，增强黏性………… 120
6.3.4 挖掘痛点，满足需求………… 121
6.3.5 事件驱动，"特点+热点"………………………… 123

6.4 在直播间，如何吸粉…………… 123
6.4.1 获高人气，直播技巧………… 123
6.4.2 轻松提升，收益技巧………… 124

6.5 了解政策，提升效果…………… 125

第7章 营销技巧，打造王牌………… 127

7.1 直播步骤，一图概全…………… 128

7.2 播是手段，"销"是关键………… 129
7.2.1 直播购物，优势尽显………… 130
7.2.2 适应变化，持续竞争………… 132
7.2.3 产品主题，贯彻过程………… 134

7.3 类型引导，打造形式…………… 134

7.4 6种方式，花式营销…………… 138
7.4.1 利用颜值，更加快捷………… 138
7.4.2 才艺表演，吸引眼球………… 138
7.4.3 明星出场，效果更好………… 139
7.4.4 利他思维，真诚营销………… 139

7.4.5 饥饿营销，物以稀为贵……… 140
7.4.6 通过对比，优劣分明………… 141

7.5 模式探索，推动营销…………… 142
7.5.1 美女主播，视觉享受………… 142
7.5.2 "直播+教育"，如火如荼……………………………… 143
7.5.3 "素人直播"，快速登顶……… 145
7.5.4 从娱乐化，到专业化………… 146

第8章 盈利变现，才是关键………… 147

8.1 变现策略，逐个击破…………… 148
8.1.1 展现优势，细节至上………… 148
8.1.2 专注产品，心不二用………… 149
8.1.3 福利吸睛，给大惊喜………… 149
8.1.4 物美价廉，买个优惠………… 151
8.1.5 设置悬念，积累人气………… 152
8.1.6 多种对比，立显优劣………… 152

8.2 直播变现，6种模式…………… 153
8.2.1 出售会员，服务变现………… 153
8.2.2 粉丝打赏，卸下戒备………… 154
8.2.3 付费观看，内容变现………… 155
8.2.4 版权销售，优质变现………… 156
8.2.5 企业宣传，技术支持………… 156
8.2.6 游戏道具，引人心动………… 157

8.3 流量变现，用户最大…………… 157
8.3.1 变现含义，积累力量………… 157
8.3.2 魅力+粉丝，人气来源…… 157
8.3.3 广告资源，完美结合………… 158
8.3.4 植入广告，润物无声………… 159

8.4 流量+内容，新的开始………… 159
8.4.1 它的含义，服务"变身"… 159

8.4.2　它的影响，"挑战＋希望"…………………… 159

8.4.3　未来展望，不断完善……… 160

8.4.4　多种玩法，目的变现……… 160

8.5　直播IP，导流变现………………… 160

8.6　受众现场，进行订购……………… 162

8.7　长久变现，11种方法…………… 164

8.7.1　网红变现，高效盈利……… 165

8.7.2　现场订购，流量转化……… 165

8.7.3　植入产品，广告变现……… 166

8.7.4　开展活动，促进消费……… 166

8.7.5　MCN网红，稳定变现……… 166

8.7.6　出演网剧，收入不菲……… 167

8.7.7　形象代言，有偿助传播…… 168

8.7.8　商业合作，实现宣传……… 169

8.7.9　公会直播，更高提成……… 169

8.7.10　游戏广告，收广告费 …… 170

8.7.11　游戏联运，充值提成 …… 170

第9章　服装直播，3大技巧 ……… 171

9.1　直播预告，流量暴增……………… 172

9.1.1　预告时间，避开竞争……… 172

9.1.2　预告封面，提高曝光……… 172

9.1.3　预告标题，流行热词……… 174

9.1.4　直播标签，获得流量……… 176

9.1.5　预告步骤，方法简单……… 176

9.2　优质货源，连接粉丝……………… 177

9.2.1　直播货品，基本分析……… 177

9.2.2　分析粉丝，准备选品……… 180

9.2.3　商品本身，特点分析……… 181

9.2.4　市场容量，商品分析……… 182

9.2.5　直播商品，利润分析……… 182

9.2.6　商品主播，也要适配……… 183

9.2.7　自主选品，两种计划……… 183

9.3　挖掘卖点，呈现价值……………… 187

9.3.1　服装特征，多种维度……… 187

9.3.2　产品质量，高满意度……… 188

9.3.3　功能出发，轻松爆单……… 188

9.3.4　"名人"效应，打造卖点… 189

第10章　主播IP，挖掘价值 ……… 191

10.1　主播IP，7种属性……………… 192

10.1.1　传播属性，覆盖超广…… 192

10.1.2　内容属性，突出亮点…… 194

10.1.3　情感属性，情感共鸣…… 196

10.1.4　粉丝属性，黏性极强…… 197

10.1.5　前景属性，商业价值…… 199

10.1.6　内涵属性，内在情怀…… 200

10.1.7　故事属性，内容丰富…… 201

10.2　直播输出，IP产业链 ………… 202

10.2.1　平台扶持，才是关键…… 202

10.2.2　公会打造，迎新生态…… 203

10.2.3　完善平台，新商业式…… 204

10.3　实力超群，达人案例 ………… 205

10.3.1　小米雷军，直播新品…… 205

10.3.2　薇娅viya，全年27亿 … 206

10.3.3　口红一哥，名副其实…… 208

10.3.4　快手辛巴，卖货大王…… 210

10.3.5　MCN机构，星梦工厂 … 212

第11章　关于雷区，必须注意 …… 215

11.1　一入误区，便深似海 ………… 216

11.1.1　虚假繁荣，陷入危险 …… 216

11.1.2　依赖三方，多重隐患 …… 217

- 11.1.3 擅自经营，直面违规 …… 217
- 11.1.4 非法侵扰，他人镜头 …… 218
- 11.1.5 逃税暗礁，影响恶劣 …… 219

11.2 抓住痛点，明晰问题 ………… 220
- 11.2.1 低俗倾向，随时"封杀" …… 220
- 11.2.2 同质内容，审美疲劳 …… 220
- 11.2.3 资本介入，影响风格 …… 221
- 11.2.4 受众转移，成本变低 …… 221
- 11.2.5 运营监管，难度大增 …… 221
- 11.2.6 著作版权，争议不断 …… 222
- 11.2.7 自采内容，舆论洪流 …… 223

11.3 三观不正，影响不良 ………… 223
- 11.3.1 粗俗内容，难以长久 …… 224
- 11.3.2 盲目拜金，陷入沉沦 …… 224
- 11.3.3 物欲膨胀，丧失本心 …… 224

11.4 内容技术，一起上阵 ………… 224
- 11.4.1 人工智能，打破瓶颈 …… 225
- 11.4.2 解决策略，进行创新 …… 225
- 11.4.3 垂直领域，边路突破 …… 225
- 11.4.4 技术手段，一改风气 …… 226
- 11.4.5 传统文化，内容突破 …… 226
- 11.4.6 规避内容，冷静思考 …… 226

第 1 章
初步了解，直播入门

学前提示

随着手机、平板等移动智能终端的普及，主要依托移动终端的直播开始进入人们的视野。凭借庞大的用户基数，直播势必会变得更加火热。本章便针对直播的概念及相关内容、形式，以及直播前需要准备的设备进行详细的介绍与讲解。

要点展示

- 入门基础，快速了解
- 硬件设备，轻松开播
- 直播内容，五花八门
- 关于直播，6大形式

1.1 入门基础,快速了解

随着互联网日新月异的发展,各式各样的直播平台也犹如雨后春笋般兴起。无论是集万千目光于一身的"当红小鲜肉",还是每一个生活在 21 世纪的普通人,都多多少少接触过直播。其中各大商业"巨头"也都瞄准了这一具有无限潜力的商机,相继推出了直播平台。

那么,直播是什么?虽然每个人都在享受直播带来的乐趣,但它究竟代表了什么?层出不穷的直播平台为什么会相继成功?为什么会有那么多的公司将营销与直播相结合呢?

1.1.1 视频社交,更加鲜活

在社交平台稳步发展的今天,微信、微博、QQ 已经渐渐不能满足人们的社交需求。此时,直播社交走入了大家的视野。过去只有文字、图片、语音等社交模式,这些被时间、空间限制的互动已慢慢被用户所厌倦,用户期待更加鲜活、直接的社交模式,于是,视频社交应运而生。如图 1-1 所示,为微信中的视频社交功能——视频号。

图 1-1 微信中的视频号功能

在视频直播平台之中,用户与主播、用户与用户之间更容易拉近距离,其相互交流也更加没有限制,时间上和互动上更为自由和灵活。

例如,以前想要快速成为明星,只能通过电视选秀比赛,如大型选秀类节目《快乐男声》等。而现如今,普通人想要一夜成名,只需要一个摄像头和一个直播平台。因此,许多"草根"通过直播平台摇身一变,成为得到众多粉丝追捧的主播,其火热程度完全不亚于娱乐圈的明星歌手。

视频直播的成名率很高,门槛相对而言较低,其带来的经济回报也相当可观。视频社交的特色就在于用户可以通过弹幕的方式与自己喜欢的主播进行实时的沟通交流,如图1-2所示。

图1-2 弹幕交流

而微信、微博这些以文字、图片为媒介的社交平台无法做到这一点。再加上国内信息网络的迅速发展,Wi-Fi、4G网络的普及,使得视频直播更容易实现,并随时随地可以进行。可以看出,直播平台顺应了时代的社交趋势,并不断向前发展。

1.1.2 娱乐营销,与众不同

直播除了是一种前卫的社交模式之外,它还是一种与众不同的娱乐营销方式。对于个人来讲,直播是一个可以把自己推广出去,成为明星、红人的绝佳平台;对于公司而言,它是一种推销产品、赚取利润的全新营销方式。随着人们消费方式的转变,越来越多的人倾向于娱乐消费。

面对这样一个现状,企业也需要改变相应的营销方式,恰当地利用直播这种具有高效益的娱乐营销方式,从而打造出一种适合自身产品的营销模式。

例如,《良品青年相对论》这款真人秀直播节目就是魅族联合各大直播平台,如斗鱼TV、哔哩哔哩动画等,为了将自己的产品推销给年轻人而精心打造的娱乐文化盛宴。

它的成功之处就体现在以娱乐为切入点,将科技、文化、电影、艺术等各个领域热门、前卫、有意思的内容巧妙地结合在一起,不仅吸引了广大网友的关注,也在无形之中增加了魅族的热度。

同时，瞬息洞察时代潮流的魅族还懂得利用名人效应，采用了"娱乐＋直播"的营销组合方式将热门话题与名人联系起来，从而吸引大量用户的关注。

例如，欧洲杯期间，魅族邀请知名人士参与#良品青年相对论#话题，主要是针对欧洲杯进行与以往截然不同的娱乐营销直播。而事实也证明，这种焕然一新的营销模式更容易被广大用户及消费者所接受，其产生的经济效益也是不可估量的。

1.1.3　信息传播，直观新颖

直播是一种更加直观的信息传递媒介，主要通过播报这个世界正在发生的事情来完成信息传播的过程。可以说，它是较传统媒介内容更为浓缩、形式更加新颖的一个全新的媒介。传统媒介主要有以下3种类型：

（1）平面的报纸、杂志；

（2）视频、电视广播；

（3）移动智能手机、各大社交平台。

直播平台的优势在于：它能以用户自创的内容为中心，使人与人相关联，人与价值内容相关联，人与商业活动相关联，甚至形成一个能盈利、能创造更多价值的互联网商业形态。

直播之所以能取代传统媒介成为当下最火爆的媒介，主要是因为它能够让用户与之进行直接的互动，在很大程度上提高了用户的参与度。

如图1-3所示，为2019年上映的电影《我和我的祖国》宣传海报。宣传工作是一部电影的重中之重，而直播这种新型的信息传播方式恰好弥补了过去那些传统媒介的不足，如电视广告、预告片、电影宣传等。

图1-3　《我和我的祖国》电影宣传片

虽然传统媒介也起到了一定的作用，但直播平台让营销方式变得更加多样化，吸引了广大网友的兴趣，对电影票房的大卖起到了推波助澜的作用。

例如，美拍直播平台开展了关于《我和我的祖国》主题曲的相关活动，如图 1-4 所示。通过一种互动的形式，既推广了电影主题曲，提升了电影知名度，同时又让用户参与了主题曲的翻唱、正能量的宣传等各种各样的活动。一时间，《我和我的祖国》红遍了美拍，也吸引了无数人前去观赏这部影片。

图 1-4　美拍中《我和我的祖国》主题曲的相关活动

再如 2020 年的春节期间，因"新冠状病毒"，全国关闭各种娱乐性场所，原本应该会票房大卖的新春贺岁片无法正常在电影院上映。而《囧妈》采取了直播的形式在抖音平台上映，获得了很好的反响，如图 1-5 所示。

图 1-5　抖音中《囧妈》直播相关页面

毋庸置疑，直播这种新颖的信息传播方式做到了盈利、娱乐两不误，极大地丰富了以往的传统媒介，为信息媒介的发展做出了不可磨灭的贡献。

1.2 硬件设备，轻松开播

很多新手在准备做直播时，都不知道应该准备什么。在抖音、淘宝等各种平台进行直播时，根据直播场景和类型的不同，用户需要准备一些必要的硬件设备。

1.2.1 手机直播，如何准备

手机直播的相关设备如下。

（1）手机：手机的摄像头像素要高、内存要充足、性能要可靠，保证直播过程中画面清晰、画质稳定，如华为、苹果等手机都是不错的选择。

（2）声卡、专业麦克风：声卡用来播放直播间的背景音乐和声效，如掌声、笑声等，可以让直播间的气氛更为活跃；麦克风主要用来收录主播的声音。声卡设备推荐联想 UL20、森然播吧二代、希音 I7 等，麦克风设备推荐飞利浦 DLK38003、唱吧 G1、得胜 PH-120 等，这些设备都有不错的表现力，如图 1-6 所示。

图 1-6 麦克风设备

（3）外置摄像头：如广角摄像头、微距摄像头、鱼眼摄像头等，能够提高画面清晰度和丰富度，让用户的直播更加出彩。

（4）补光灯：光线在直播中也是很重要的因素，因为光线的明暗不仅会影响产品的展示，昏暗的光线对主播的面容也会有影响。因此用户可以根据自己的需求，购买一个专业的补光设备。

1.2.2 电脑直播，注意什么

对于电脑游戏直播来说，电脑直播摄像头是必不可少的装备，如罗技 C900 系列主打高清拍摄，能够记录用户的精湛操作；再比如，蓝色妖姬 S9200 具有很好的美颜功能，能够全方位展现主播的美，如图 1-7 所示。

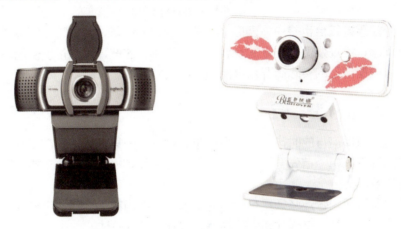

图 1-7　电脑直播摄像头设备

电脑内置声卡或者外置声卡也是直播标配。其中，麦克风可以分为动圈麦克风和电容麦克风，大部分主播使用的都是电容麦克风，其特点就是音质好、声音更有层次，推荐 ISK-BM800、ISK-BM5000、得胜 PC-K550 以及 ISK RM 系列等。

电脑游戏直播时，除了需要有性能合适的电脑配置，以及流畅的网络环境，抖音直播伴侣和 OBS 软件都是用户推流的好帮手，如图 1-8 所示。另外，在电脑上进行手机游戏直播时，还需要在电脑端安装投屏软件，如苹果录屏大师、AirDroid 都是值得推荐的。

图 1-8　抖音直播伴侣和 OBS 推流软件

1.2.3 户外直播，还需这样

户外直播首先要保证手机的电量充足，用户可以准备一个移动电源以备不时之需。户外直播的麦克风和声卡，推荐雅兰仕、迷你小麦克、博雅无线小蜜蜂等麦克风，以及艾肯（icon）Cube 4nano、艾肯（icon）Upod pro 和客所思 KX-2 究极版等声卡设备，可以帮助用户提升直播质量。

另外，手持云台也是户外直播必不可少的辅助设备，能够防止画面抖动，提升直播观感，给观众带来更好的观看体验。当然，这些直播设备仅供用户参考，用户可以根据自己的实际情况和直播场景来选购。

1.3 直播内容，五花八门

在这个直播盛行的时代，想在直播市场中分得一杯羹的人不在少数，但想要取得成功并不简单：首先要生产传播内容，然后要有一定的粉丝支持，而且前者是后者的基础。

同时，直播内容还必须具有清晰的价值观，在内容上要贴近年轻人的追求，符合他们的价值观，这样才能引起共鸣，得到他们的关注。

1.3.1 4 种风格，玩转直播

整体来看直播领域的一些作品，我们会发现，直播的内容有以下 4 种风格，如图 1-9 所示。

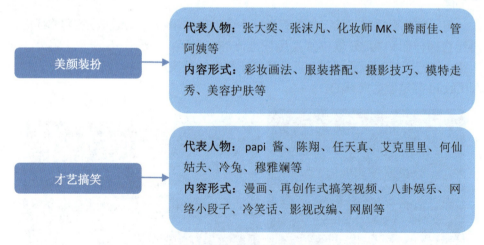

图 1-9 直播内容的 4 种风格

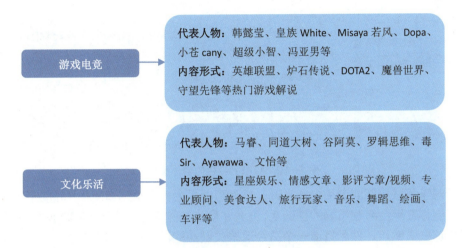

图 1-9 直播内容的 4 种风格（续）

1.3.2 网络直播，更具特色

除了前文介绍的 4 种风格，网络直播还可以拥有更多特色内容，下面将简单介绍这些内容形式及其内容要点，如图 1-10 所示。

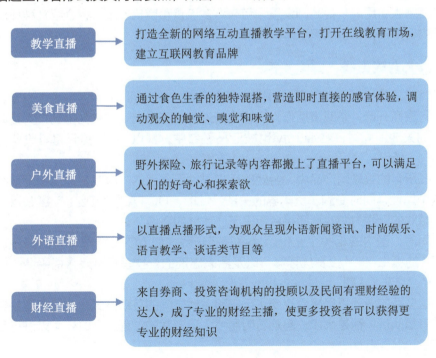

图 1-10 直播的特色内容

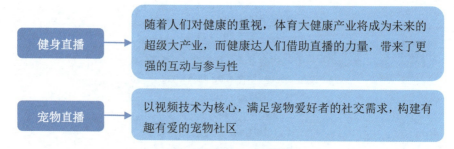

图1-10 直播的特色内容（续）

对于互联网创业者和企业来说，打造直播平台就必须创造出优质的内容，所以需要你在综合考察市场的基础上，充分了解当前的潮流热点和人们的消费习惯，抓住这些关键点，然后打造一个符合这些关键点的优质内容，你的直播才能受到粉丝的追捧和得到用户聚焦。

1.4 关于直播，6大形式

直播内容多以才艺、游戏等形式来表现主题，如果想要自己的直播内容在众多直播中脱颖而出，就必须打造符合用户需求的内容，做好内容运营，用高价值的内容来吸引用户、提高阅读量，带来更多流量和商机。本节将介绍几种典型的直播内容形式，以供大家了解。

1.4.1 游戏直播，重要支撑

游戏是最先打开视频直播市场的内容形式，从Twitch.tv将游戏作为专业内容进行直播开始，游戏直播作为一种全新的内容形态出现，立刻受到广大互联网用户的关注。同时，Twitch.tv也被亚马逊看中，并以10亿美元将其收购，如图1-11所示。

在所有的互联网产品中，游戏的用户黏性是最强的，游戏直播也很好地继承了这个属性，同时受到了资本界的关注。此时，DOTA2、LOL（英雄联盟）等竞技游戏的诞生为游戏直播平台带来了"新鲜的血液"。

同时，国内的相关企业也急速跟紧了步伐，如ACFUN与斗鱼的拆分、战旗TV的诞生、YY投资虎牙等，以及后来出现的一些垂直游戏直播平台，如全民TV、龙珠TV等。

这些新的游戏直播平台改变了玩家和游戏之间的互动方式，他们不再是自己玩或者组队玩，而是大家一起观看明星名人玩游戏的过程，同时还可以进行互动交流。

图 1-11　Twitch.tv 主页

当然，游戏虽然黏性高，但并没有终结直播平台的发展，随着智能手机的流行和移动网络技术的提升，以 Meerkat 为代表的移动直播模式成为新趋势。如图 1-12 所示为 Meerkat App 界面。

图 1-12　Meerkat App 界面

"小苍 cany"是知名游戏解说、竞技选手，而且还曾经获得"Iron Lady 国际女子魔兽邀请赛"的第一、二届冠军。如今，"小苍 cany"主要专注于 LOL 直播，如图 1-13 所示为其微博主页。

图 1-13 "小苍 cany"的微博主页

（微博粉丝 540 多万）

对于游戏直播平台而言，内容的玩法和市场的推广是成功的两个要点。在上面的案例中，"小苍 cany"的内容玩法便是凭借行云流水的解说、激昂的文字、动人的声音及现场感染力，深受玩家们的喜爱。

同时，通过各大直播平台和微博等社交平台进行内容推广，聚集了一群热爱游戏志同道合的粉丝，通过视频直播内容产生商机。游戏直播成为直播行业的重要支撑内容之一。

1.4.2 才艺直播，尤为重要

才艺对于网络主播等内容创业者来说，显得尤为重要，有才艺、高颜值是入行网络主播的主要条件，其中"有才艺"被放在了首位。才艺的范围比较广泛，笔者在此只讨论最具代表性的音乐、舞蹈等才艺类型。

1. 音乐：YY 好声音排位赛

好声音排位赛是 YY 为当红主播推出的一个演唱竞赛平台，于每周四晚上八点开播，如图 1-14 所示。在好声音排位赛中，观众的身份转变为裁判，他们拥有绝对的话语权，可以给喜欢的主播投票。

虽然各个直播平台上充斥着各种草根主播，但其中也有很多依靠这些直播平台成长和出名的大牌主播及网红，而且名人和明星为直播造势带来的影响力也不小。

如今，直播已经进入移动时代，"随走随看随播"成为一种新的直播场景，而且在朝着泛娱乐领域发展，而音乐则是其"领头羊"。多元化、个性化的直播场景，为传统音乐市场带来了更多可能。

2. 舞蹈：YY"燃舞蹈"频道

YY 直播平台的"燃舞蹈"频道以舞蹈为主要内容，同时还打造了一个全新的女子演唱组合——1931（1个梦想、9位伙伴、3份心意、1切成真），分为红、白两个队伍，每周五和周六晚上七点半在YY舞蹈频道直播。

图1-14　好声音排位赛

据悉，YY计划投资5亿元人民币来打造1931偶像团体，这样算下来每个人的投入达到了近2800万元，这接近于YY一个季度的收入。

YY依靠语音起家，并在游戏直播领域获得成功，到如今开始积极塑造自身的品牌形象，构建了一整套的主播选秀、培训及其团队搭建供应链。1931则可以看作是YY的跨界之作，YY借此从UGC步入PGC内容时代。

1.4.3　动漫直播，经久不衰

在所有的直播内容中，动漫虽然显得有些小众，但它却有很强的用户黏性，而且内容的持续性非常强，有的动漫作品甚至可以跨越几十年仍然经久不衰。

国内比较火爆的动漫内容直播平台主要有"A站"和"B站"，下面分别对其进行介绍。

1. A站：AcFun弹幕视频网

AcFun弹幕视频网（Anime Comic Fun，简称A站）是国内首家弹幕视频网站，同时也是二次元文化的开拓者，如图1-15所示。

AcFun弹幕视频网的主要特色是高质量的互动弹幕内容，并且这些内容都是基于原生内容的二次创作，将其打造成一个完整的内容生态，以此博得广大用户的喜爱。AcFun弹幕视频网的主要用户群体为年轻的"80后""90后"以及二次元动漫核心用户，这些用户群体也是弹幕这种新型互动方式的推广者。

从零开始学直播营销与运营

图 1-15　AcFun 弹幕视频网

对于那些喜欢和善于创作二次元内容的创业者来说，AcFun 弹幕视频网是一个不错的内容分享平台，在此可以找到更垂直的粉丝群体，对于推广动漫内容电商产品更有优势。

不过，需要注意的是，创业者在借用二次元动漫元素时，必须根据自身的品牌定位来挖掘相应的内容。

2. B 站：bilibili 哔哩哔哩

bilibili 哔哩哔哩又称为"B 站"，是一个年轻人的潮流文化娱乐社区，如图 1-16 所示。bilibili 哔哩哔哩的特色也是"弹幕"，即用户在观看视频时可以将实时评论悬浮于视频上方，这种特性使其成为互联网热词的产生地。

图 1-16　bilibili 哔哩哔哩主页

"弹幕"为用户带来了独特的观影体验，而且它基于互联网因素可以超越时空限制，从而在不同地点、不同时间观看视频的用户之间形成一种奇妙的"共时性"关系，构成一种虚拟的社群式观影氛围，如图1-17所示。

图1-17　"弹幕"可以形成一种热闹的社群式观影氛围

同时，通过bilibili哔哩哔哩这种二次元文化平台，动漫内容创作者可以借助高关注度、抢话题的热门"弹幕"内容形式来抢占粉丝，为直播带来较强的宣传效果。

1.4.4　语音直播，情感丰满

如今，大数据、云计算以及移动互联网等技术水平取得了重大突破，这些技术的发展同时也带动了智能语音市场的壮大，并且还吸引了政府机构和资本市场的关注，使智能语音产业得到快速发展。

在这种大环境下，语音内容也成为一种新型的直播内容形式。语音可以为用户带来更好的听觉体验，同时也可以使内容在情感上的表达更加丰满，加强用户对内容的记忆，或者打动他们，使他们产生情感上的共鸣。

例如，喜马拉雅就是在这种环境下形成的一个中文有声读物交流平台，其语音内容包括学科教育、国学、小语种、二次元、明星、好书精讲等，如图1-18所示。

喜马拉雅采用了"直播打赏＋精品付费"的双向变现方式。

（1）直播打赏：将用户的喜欢或者认可作为盈利点，通过用户主动打赏的方式来为主播增加收入，显得更加人性化。在直播间界面，选择相应的"礼物"，即可完成打赏操作，如图1-19所示。

图1-18 喜马拉雅的语音内容分类

图1-19 直播打赏功能

（2）精品付费：喜马拉雅坚持"以内容为中心"，重点推出"精品"栏目，筛选出优质的有声数据内容，并采用"免费试听前几章+付费收听全集"的盈利模式，用户可以先体验书籍内容是否精彩、是否是自己喜欢的内容，然后再选择是否付费收听，模式更加自由灵活，同时也为主播带来了更多的流量。

喜马拉雅在构建"内容中心"的语音平台时，会进一步关注和加强优质内容生产环节。可以预见，在以"内容为王"的移动互联网直播市场中，这种信念将带领懒人听书获得更大、更好的发展。

1.4.5 搞笑直播，最受欢迎

幽默搞笑的内容形式特别受大家欢迎，这也正是当今快节奏时代下人们放松心情的最佳方式，可以给人带来一种轻松、欢快的感觉。依靠搞笑内容成名的 IP 大有人在，如《屌丝男士》《万万没想到》《欢乐颂》《暴走大事件》等影视作品，同时还诞生了一大批网络搞笑达人。

在互联网中，"吐槽"成为一种普遍现象，它不以骂人为手段，不以发泄为方式，而将重点放在"娱乐性"和"无恶意"的语言上，通过内涵、隐晦、暗喻等方式揭露一些社会现象，既可以提供内容笑点博得观众开心，又可以强化参与增加共鸣，是一种新型的内容产品。

当然，在创作这种幽默搞笑的内容时，创作者还需要多思考，结合时事热点增强故事的代入感，多下功夫、多找资料，增强自身的趣味文学修为。

互联网中的受众都喜欢有趣的信息，直播平台如果能把内容做得有趣，宣传效果必定大有裨益。

而对于直播平台方而言，将内容娱乐化是抓住用户百试不爽的方法，具体的做法就是将内容转化为用户喜欢的带有趣味性的形式，让用户在感受趣味性内容的同时，又接受了企业的宣传信息。

1.4.6 文学直播，不可抵挡

"书中自有颜如玉，书中自有黄金屋。"虽然现在的时代是互联网当道，但文学的魅力仍然不可抵挡。中华几千年的悠久文化，在今天只是变换了不同的形式，以一种崭新的面貌出现在我们面前。

当今几大知名的文学类直播节目，大多都是由自媒体人独家打造的。如罗振宇的《罗辑思维》、高晓松的《晓松奇谈》、袁腾飞的《袁游》等。如图 1-20 所示为《晓松奇谈》节目。

与一般的游戏、音乐、舞蹈、动漫、搞笑等直播内容不同，文学类的直播都需要具有相当深厚的知识储备，不能泛泛而谈，空说大道理。而且这类直播通常都会选取当下热门的时事进行谈论，或者结合历史文化来谈论。

如罗振宇的《罗辑思维》就是以创新、历史、社会等为主要内容。如图 1-21 所示，为《罗辑思维》的第 205 集——"这一代人的学习"。

图1-20 《晓松奇谈》

图1-21 《罗辑思维》——"这一代人的学习"

该集节目在优酷平台上获得了191万多次的点击量,可见文学类的直播在现在还是人们所热衷的,而作为《罗辑思维》的主讲人,罗振宇也得到了广大网友们的推崇和支持。

此外,这种文学类的直播节目还为很多热爱文学的人们提供了譬如微信这样绝佳的互动平台,用户只要打开手机就可以与文学大师进行交流沟通。

第 2 章
直播平台，各具特色

学前提示

各个直播平台有着各自不同的内容和特色，它们不断深入发展，由单一的模式向众多领域拓展延伸。对于主播来说，选择合适、匹配自己的直播平台是直播运营的重中之重。本节将为大家介绍抖音、淘宝、快手、聚美等几个典型的直播平台，了解它们各自的特色。

要点展示

- 抖音直播，内容为王
- 淘宝直播，营销利器
- 快手直播，以"人"带货
- 聚美直播，信任消费

2.1 抖音直播，内容为王

抖音自 2017 年 11 月开启直播功能，2018 年 3 月推出购物车功能，再到如今拥有日活 4 亿的流量池，已实现了"全民抖音"的盛况。

抖音以内容运营为主，利用优质的内容引导用户关注。其直播功能丰富多彩，在抖音平台直播的人也越来越多。本节笔者将对抖音直播的开通方式和基本玩法进行详细介绍，帮助新主播更好地在抖音平台玩转直播。

2.1.1 直播入口，方便快捷

抖音有直播功能，这一点相信所有抖音电商运营者应该都知道。但是抖音直播有几个入口，你了解吗？下面笔者将详细为大家介绍。

1."关注"界面

在"关注"界面中，如果抖音账号的左上方出现"LIVE"按钮，那么，只需点击"LIVE"按钮即可进入直播间，如图 2-1 所示。

图 2-1 从"关注"界面进入直播间

2."推荐"界面

如果你在"推荐"界面中，看到某个抖音账号头像上方有"LIVE"按钮，那么，只需点击其头像，便可直接进入直播间，如图 2-2 所示。

3."同城"界面

抖音推荐分为两种，一种是全平台的推荐，另一种是同城推荐。通常来说，同城推荐界面的左上方位置会推荐直播内容，抖音用户只需点击其所在的位置，便可直接进入直播间，如图 2-3 所示。

图 2-2 从"推荐"界面进入直播间

图 2-3 从"同城"界面进入直播间

2.1.2 开通步骤，简单快速

对于抖音电商运营者来说，抖音直播是促进商品销售的一种直接而又重要的方式。那么，如何开直播呢？下面，笔者就对开直播的具体步骤以及利用抖音平台直播带货的过程进行简单的说明。

步骤 01 登录抖音短视频App，进入视频拍摄界面，点击界面中的"开直播"按钮，如图2-4所示。

步骤 02 操作完成后即可进入如图2-5所示的抖音直播设置界面。

图2-4 视频拍摄界面

图2-5 直播设置界面

步骤 03 在直播设置界面设置直播封面、标题等信息，点击"开始视频直播"按钮，如图2-6所示。

步骤 04 操作完成之后，进入抖音直播界面，点击界面中的 按钮，如图2-7所示。

图2-6 点击"开始视频直播"按钮

图2-7 点击 按钮

步骤 05 操作完成后弹出"直播商品"对话框,点击对话框中的"添加直播商品"按钮,如图2-8所示。

步骤 06 进入"选择直播商品"界面,选择需要添加的商品,点击"确认添加"按钮,如图2-9所示。

图 2-8　点击"添加直播商品"按钮　　图 2-9　点击"确认添加"按钮

步骤 07 操作完成后,将出现添加的商品,如图2-10所示。另外,主播在讲解某商品时,可以点击该商品右下方的"讲解"按钮,执行操作后,该商品将显示"讲解中"状态,如图2-11所示。

图 2-10　出现添加的商品　　　　图 2-11　显示商品正在"讲解中"

2.1.3 吸粉引流，凝聚粉丝

如今，直播借着短视频平台再次回到了人们的视野，用户只需要一部手机即可快速直播，但直播的竞争却非常残酷，因此所有主播都需要掌握吸粉引流的技巧，才能让自己快速"火"起来。

1. 定位清晰

精准的定位可以完成个性化的人设，有利于将你打造成一个细分领域的专业形象，下面介绍一些热门的直播定位类型，如图2-12所示。

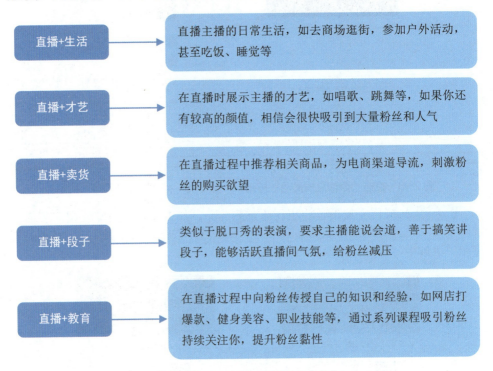

图2-12 热门直播定位的参考方向

2. 内容垂直

运营者需要根据账号的定位来策划垂直领域的内容。在直播前可以先策划一个大纲出来，然后再围绕这个大纲来细化具体的直播过程，并准备好相关的道具、歌曲和剧本等。

在直播过程中，还需要关注粉丝的动态，有人进来时，记得打招呼，有人提问时，也要记得回复。

3. 专业布景

直播的环境不仅要干净整洁,而且要符合自己的内容定位,给观众带来好的直观印象。例如,以卖货为主的直播环境中,商品的摆设要整齐,房间的灯光要明亮,还可以在背景里挂一些商品样品,从而突出产品的品质,如图2-13所示。

图 2-13 直播布景示例

4. 聊天话题

主播可以制造热议话题来为自己的直播间快速积攒人气,"话痨好过哑巴",但话题内容一定要健康、积极向上,要符合法律法规和平台规则。当然,主播在与粉丝聊天互动时,还需要掌握一些聊天的技巧,如图2-14所示。

图 2-14 直播聊天技巧

在直播过程中,不仅要用高质量的内容吸引观众,而且要随时引导这些进来的观众关注你的账号,成为你的粉丝。

5. 互动活动

如果你在直播时,观众都比较冷淡,此时也可以另外找一个人跟你互动,两个人一起来提升直播间的热闹氛围,不至于没有话题时面临尴尬。另外,主播也可以选择与一些老观众互动,主动跟他们聊天,最大限度地提升粉丝黏性。

除了聊天外,主播还可以做一些互动活动,如带粉丝唱歌,教粉丝一些生活技巧,带粉丝一起打游戏,在户外做一些有益的活动,或者举行一些抽奖活动等,如图2-15所示。这些小的互动活动都可以提升粉丝的活跃度,同时还能吸引更多"路人"的关注。

图2-15 美妆互动和唱歌互动

6. 准时开播

直播的时间最好能够固定,因为很多粉丝都是利用闲暇时间来看直播的,你的直播时间一定要跟他们的空闲时间对上,这样他们才有时间看你的直播。因此,主播最好找到粉丝活跃度最大的时间段,然后每天定时定点直播。

7. 抱团吸粉

你可以多和一些内容定位相近的主播搞好关系,成为朋友,这样可以相互推广,互相照顾。当大家都有一定粉丝基础后,主播还可以带领自己的粉丝去朋友的直播间相互"查房",这不仅可以活跃直播间氛围,而且能够很好地留住粉丝。

"查房"是直播平台中的一种常用引流手段，主要是依靠大主播的人气流量来带动不知名的小主播，形成一个良好的循环，促进粉丝消费。

8. 维护粉丝

当你通过直播积累一定的粉丝量后，一定要做好粉丝的沉淀，可以将他们导流到微信群、公众号等平台，更好地与粉丝进行交流沟通，表现出你对他们的重视。平时不直播的时候，也可以多给粉丝送送福利、发发红包或者优惠券等，做到用户存留最大化，挖掘粉丝经济，实现多次营销。

直播引流的技巧可以总结为三点："内容＋互动＋福利"，内容展现价值，互动增进感情，福利触发交易。

2.1.4 互动玩法，提高黏性

抖音没有采用秀场直播平台常用的"榜单 PK"方式，而是以"音浪"作为排行依据，这样可以让普通用户的存在感更强。下面介绍抖音直播的几种互动方式。

（1）评论互动：用户可以点击"说点什么"来发表评论，此时主播要多关注这些评论内容，选择一些有趣的和实用的评论进行互动，如图 2-16 所示。

（2）礼物互动：礼物是直播平台最常用的互动形式，抖音的直播礼物名字都比较特别，不仅体现出浓浓的抖音文化，同时也非常符合当下年轻人的使用习惯以及网络流行文化，如"小心心""不服来战""太南了"等，如图 2-17 所示。

图 2-16　直播间的评论

图 2-17　主播礼物

(3)点赞互动:用户可以点击直播间下方的 图标,给喜欢的主播点赞,增加主播人气,如图2-18所示。主播的总计收入是以"音浪"的方式呈现的,粉丝给主播的打赏越多,获得的人气越高,收入自然也就越高。

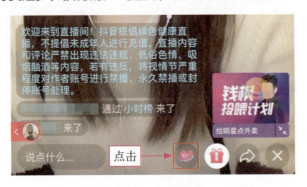

图2-18 点赞互动

(4)建立粉丝团管理粉丝:抖音直播的主播一般都会有不同数量的粉丝团,这些粉丝可以在主播直播间享有一定特权,主播可以通过"粉丝团"与粉丝形成更强的黏性。

抖音用户只需点击主播头像右方的"关注"按钮,原来"关注"按钮所在的位置就变成了 图标。抖音用户只需要点击该图标,便会弹出"XXX的粉丝团"对话框,如图2-19所示。如果抖音用户点击对话框中的"加入粉丝团 仅需X抖币"按钮,并进行支付,就可以加入该主播的粉丝团。

图2-19 加入粉丝团

2.2 淘宝直播,营销利器

2020年的一场"新型冠状病毒性肺炎"疫情,使得无数中小型实体企业停业,损失惨重,甚至面临倒闭的危机。而在这场突如其来的疫情中,无论是电商还是新零售,利用直播方式,都为卖货发挥了至关重要的作用,直播带货已经变成全民参与的主流卖货形式。

在众多的直播平台中,淘宝直播可以称为最典型的电商直播。淘宝直播中的特色电商内容也是精彩纷呈,令人眼花缭乱。本节笔者将向大家详细介绍淘宝直播的相关内容。

2.2.1 了解平台入驻方法

淘宝直播从2016年推出以来,就有了非常卓越的成绩,两年时间便实现了从0到千亿元的成交额突破。那么,作为新手,我们应该如何入驻淘宝直播呢?淘宝直播分为两种,一种是商家直播,另一种是个人主播。具体开通方法如下。

1. 商家直播入驻步骤

商家直播步骤主要分为以下3步。

步骤01 打开手机淘宝App,如图2-20所示,在主页搜索框内输入"淘宝直播入驻",即可跳转至"淘宝直播入驻指南"页面,如图2-21所示。

图2-20 手机淘宝首页

图2-21 "淘宝直播入驻指南"页面

步骤02 在"淘宝直播入驻指南"页面中,可以看到"商家"和"个人主播",

点击"商家"按钮,即可看到详细的入驻指南,根据提示进行操作,点击"一键入驻"按钮,如图 2-22 所示。

图 2-22 "商家入驻淘宝直播指南"页面

步骤 03 按照提醒完成实人认证,选中"同意以下协议"选项,再点击"完成"按钮即可,如图 2-23 所示。

图 2-23 "主播入驻"页面

以上即为商家入驻淘宝的具体方法。如果入驻申请未通过，页面则会显示未通过的具体原因。以下为笔者总结的商家入驻淘宝直播的条件：

（1）店铺应为一钻或一钻以上级别（若刚升级至一钻，而入驻失败，建议48小时后再次尝试）。

（2）店铺应具有一定的老客户运营能力。

（3）店铺应具有一定的主营类目所对应的商品数量（在线商品数≥5）。

（4）店铺应具有一定销量（近30天店铺销量≥3，且近90天店铺成交金额≥1000）。

（5）卖家须符合《淘宝网营销活动规则》。

2. 个人主播入驻步骤

如果是个人主播想在淘宝开通直播功能，则点击图2-21中的"个人主播"按钮，页面可跳转至"个人主播入驻淘宝直播指南"页面，点击"一键开通直播权限"按钮即可，如图2-24所示。

图2-24 "个人主播入驻淘宝直播指南"页面

与商家入驻淘宝直播一样，个人入驻直播也有相应的条件：

（1）淘宝账户须通过支付宝实名认证，并注册成为淘宝达人用户。

（2）淘宝达人的账号达到L2级别。

（3）在申请直播权限时，提交一个时长3分钟的本人出镜视频，视频应尽量选择专业设备进行拍摄，保证高清的质量，在视频中应表现出良好的控场能力、表达能力、现场表现力、专业能力。

2.2.2 运营技巧，尤为关键

无论是淘宝卖家还是个人主播，在刚接触淘宝直播时，通常都是一头雾水，不知道具体应该如何去做，笔者将在本节向大家详细介绍进行淘宝直播时的注意事项以及运营技巧。

1. 精选商品

在直播之前规划好直播的内容是非常重要的，卖给粉丝的商品，应该把质量放在第一位。

很多主播在刚开始直播时，不知道应该如何选择直播中的商品。笔者在此告诉大家，想成为一名好的主播，就是要将你认为最好的产品推荐给粉丝，因此在直播前期，新主播不要太在意收入、佣金以及销量。

主播应考虑的是给粉丝推荐的商品是否获得了粉丝的喜爱，当口碑和粉丝慢慢积累起来之后，所有的事情都会迎刃而解。

2. 播前准备

确定好商品之后，直播前的一系列准备也是不可忽视的。有些商家没有经过任何准备就直接开始直播，导致观看的人寥寥无几，一场直播下来，连一件商品也没有销售出去。所以，播前准备尤为重要，只有准备充分，才能减少在直播过程中的出错率。那么，在直播前主播应做好哪些准备工作呢？

1）直播封面

一个优质的封面图和简介内容会吸引更多的用户观看直播，如图 2-25 所示为淘宝直播封面示例。

图 2-25　淘宝直播封面示例

在制作封面图和填写简介内容时，切忌采用低俗的图文，更不要直播低俗的内容，这样不仅不会博人眼球，还违反了淘宝直播的规范要求，情节严重会被直接清退。

2）预热宣传

无论是个人主播还是淘宝卖家，在直播前为直播宣传、造势都是必不可少的。如果不做前期的预热，光"守株待兔"是等不来粉丝，也无法提升人气的。那么应该如何进行宣传呢？

对商家来说，如果店铺有足够的粉丝，可以提前在微淘中发布直播预告，吸引店铺的粉丝进入直播间，如图2-26所示。

图2-26 在"微淘"发布直播预告

对个人主播而言，可以在微信、微博等社交软件多加宣传，发布直播信息，吸引好友和粉丝前来观看，为直播造势。

3. 直播时间

做好播前准备之后，还应确定直播的时间。淘宝直播的主要时间段分为3场，即上午场、下午场以及晚场。

如果选择在上午场和下午场直播，那么这两个时间段的流量相对较少，因为大多数人都在上班、上学；而晚场直播的流量相对来说会大得多。

面对3个时间段，应该如何选择呢？上午场和下午场的直播虽然观看人数较少，但这两个时间段的粉丝停留的时间比较稳定，可以进行合理的转化。反之，观看晚场直播的人数虽然很多，但此时的转换率却是最低的，因为晚上看直播的人大多只是为了观看直播而不一定有购买需求，因此此时的流量并不精准。

值得注意的是，主播们不管选择哪个时间段进行直播，都要注意不能随意更改直播的时间，应定点直播，并做到每天按时开播。

4. 粉丝互动

在直播的过程中，主播如果一门心思只想着卖货，而忽视与粉丝的互动，是会流失很多粉丝的。那么应该怎样和粉丝进行互动呢？

在直播的过程中，主播应该有意识地圈粉，在直播时，主播要有亲和力，语言要抑扬顿挫。

主播可以通过给粉丝发红包、在直播间给粉丝发送优惠券等方式，让粉丝认为在你的直播间下单购物是划算的。除此之外，直播应时刻关注评论区，在评论区中高频出现的问题应统一进行回答。

2.3 快手直播，以"人"带货

2017 年，快手进入了直播市场，最开始就以"打赏 + 带货"的方式获取收益。如果说抖音以内容为中心，淘宝的直播是营销利器，那么快手则主要以"人"带货，更偏向于社交化。

快手的直播环境特点是自由。无论是大网红，还是小网红，都能在平台"各显神通"，其目标用户主要为低线城市和乡镇的中青年，带货的商品也偏向于大众品牌。据官方数据，截至 2020 年初，快手 DAU（日活跃用户数量）突破 3 亿，快手 App 内有近 200 亿条海量视频。

由于快手平台保持着原生态，其独特的社交文化以及"老铁经济"培育了一批批爆款商品和垂直主播，粉丝对主播的忠诚度很高，为直播带货奠定了坚实的基础。

本节笔者将为大家详细介绍关于快手的相关内容。

2.3.1 开通直播，过程详解

在快手开通直播，是需要符合一定条件的，笔者在本节主要为大家介绍其开通方式，以下为具体步骤。

步骤 01 打开快手 App，在首页中点击左上角的 ≡ 按钮，如图 2-27 所示。
步骤 02 点击右下角的"设置"按钮，如图 2-28 所示。
步骤 03 在"设置"页面中，点击"开通直播"按钮，如图 2-29 所示。
步骤 04 步骤 03 完成后，即可跳转至申请直播权限页面，满足条件后，开启直播权限即可，如图 2-30 所示。

图 2-27　快手首页　　　　图 2-28　点击"设置"按钮

图 2-29　"设置"页面　　　图 2-30　申请直播权限页面

以上即为在快手平台中开通直播的具体步骤，其中，开通直播的条件主要有以下 9 个。

（1）注册时间 >7 天；

（2）作品违规率在要求规范内；

（3）绑定手机号；

（4）当前账号状态良好；

（5）实名认证；

（6）满 18 岁；

（7）粉丝数 >6 个；

（8）发布公开作品≥1个；

（9）观看视频时长达标。

从以上9个条件来看，在快手开通直播的门槛并不算高，这对新主播而言也是有利的。但主播如果想在快手进行直播带货，还需开通快手小店，具体步骤如下。

步骤01 在快手App的"设置"页面中，点击"反馈与帮助"按钮，如图2-31所示。

步骤02 在"反馈与帮助"页面中，点击"全部问题"栏中的"快手小店"按钮，如图2-32所示。

图2-31 "设置"页面　　图2-32 "反馈与帮助"页面

步骤03 在"快手小店"页面中，即可看到关于快手小店的相关问题，如图2-33所示。点击对应的问题即可进入相关问题的解答页面，如图2-34所示。

图2-33 "快手小店"页面

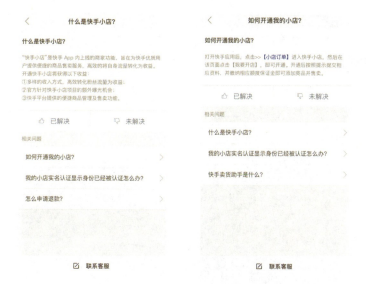

图 2-34 相关问题解答页面

以上即为开通快手小店的具体方法。在开通的过程中,有两个选择,即个人和企业。用户可以根据自身情况进行选择。用户如果选择企业小店,则需提交营业执照。成功开通快手小店后,便可以在快手进行直播带货了。

2.3.2 找对方式,精准运营

在快手上,不乏专业包装团队和运营的职业主播,也有不少跃跃欲试却缺少经验的快手运营者。那么,对于直播新玩家而言,他们又可以通过哪些方式在这个竞争激烈的行业中占有一席之地呢?

在快手中,只要是正规电商,平台都会大力扶持。因此快手中的主播带货,其成绩和收入都是很可观的,很多大主播甚至能在几个小时内创下几亿的成交量。

那么,我们在快手平台中应该如何操作,才能打造一个良好的运营过程呢?笔者将在以下内容中具体介绍。

1. 内容定位

快手号的内容定位就是为快手号的运营确定一个方向,通过优质、垂直的内容为直播指明方向,吸引粉丝。那么,如何进行快手号的定位呢?笔者认为大家可以从 4 个方面进行思考,以下将分别进行解读。

1)根据自身的专长做定位

对于拥有自身专长的人群来说,根据自身专长做定位是一种最为直接和有效的定位方法。快手账号运营者只需对自己或团队成员进行分析,然后选择某个或某几个专长，进行账号定位即可。

例如，胡 66 原本就是一位拥有动人嗓音的歌手，所以，她将自己的账号定位为音乐作品分享类，并命名为"胡 66 爱唱歌"。她通过该账号重点分享了自己的原创歌曲和当下的一些热门歌曲，如图 2-35 所示。

图 2-35　"胡 66 爱唱歌"的相关快手短视频

又如，擅长舞蹈的"代古拉 K"拥有曼妙的舞姿。因此，她将自己的账号定位为舞蹈作品分享类账号。在这个账号中，代古拉 K 分享了大量舞蹈类视频，这些作品也让她快速积累了大量粉丝。

由此不难看出，只要快手运营者或其团队成员拥有专长，且该专长的相关内容是用户比较关注的，那么，将该专长作为账号的定位，便是一种不错的定位方法。

2）根据用户的需求做定位

通常来说，用户需求的内容会更容易受到欢迎。因此，结合用户的需求和自身专长进行定位也是一种不错的定位方法。

大多数女性都有化妆的习惯，但又觉得自己的化妆水平还不太高。因此，这些女性通常都会对美妆类内容比较关注。在这种情况下，快手运营者如果对美妆内容比较擅长，那么，将账号定位为美妆号就比较合适了。

例如，有一名为"认真少女_颜九"的运营者本身就是入驻微博等平台的美妆博主。许多快手用户对美妆类内容比较感兴趣，因此，她入驻快手之后，便将账号定位为美妆类账号，并持续为快手用户分享美妆类内容。如图 2-36 所示为"认真少女_颜九"发布的相关快手短视频。

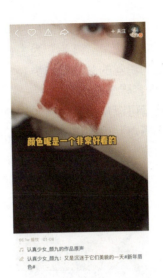

图 2-36 "认真少女_颜九"发布的相关快手短视频

除了美妆之外,快手用户具有普遍需求的内容还有很多,美食制作便属于其中之一。许多快手用户,特别是比较喜欢做菜的快手用户,通常都会从快手中寻找一些新菜色的制作方法。因此,如果快手运营者自身就是厨师,或者会做的菜色比较多,又特别喜欢制作美食,那么,将账号定位为分享美食制作的账号就是一种很好的定位方法。

"蛋蛋美食日记"就是一个定位为分享美食制作的账号。在该账号中,会通过视频将一道道菜品的制作过程进行全面呈现,如图 2-37 所示。

图 2-37 "蛋蛋美食日记"发布的快手短视频

因为该账号分享的视频将制作过程进行了比较详细的展示，再加上该用户所制作的美食以"健康""减脂"为主，所以其发布的视频内容很容易就获得了相应的想要减肥的粉丝的关注和点赞。

3）根据内容稀缺性做定位

快手运营者可以从快手中相对稀缺的内容出发，进行账号定位。例如，快手号"疯狂的小杨哥"就是定位为整蛊网瘾弟弟的一个账号。如图2-38所示为该账号发布的相关短视频。

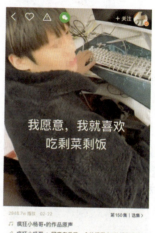

图2-38 "疯狂的小杨哥"发布的相关快手短视频

像这种专门做整蛊网瘾少年的内容本身就是比较少的，因此，其内容就具有了一定的稀缺性。再加上随着网络，特别是移动网络的发展，越来越多的青少年开始有了网瘾。所以，许多人看到这一类视频之后，就会觉得特别贴合现实。

除了平台上本来就稀缺的内容之外，快手运营者还可以通过自身的内容展示形式，让自己的账号内容，甚至是账号，具有一定的稀缺性。

4）根据品牌的特色做定位

相信大家一看这个标题就明白，这是一个快手企业号的定位方法。许多企业和品牌在长期的发展过程中可能已经形成了自身的特色，此时，如果根据这些特色进行定位，通常会比较容易获得快手用户的认同。

根据品牌特色做定位又可以细分为：一是以能够代表企业的物象做账号定位；二是以企业或品牌的业务范围做账号定位。

以上即为快手账号确定定位的具体方式，主播本人或运营者可以根据主播的优势和特点进行适合的定位，为直播打下良好的基础。

2. 团队配置

当主播通过优质的内容积累到一定量的粉丝之后，便可以打造一个完整的团队。而一个完整团队至少需要 3 人，如图 2-39 所示。

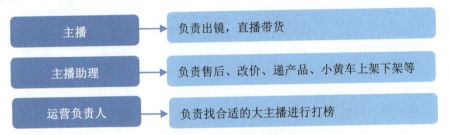

图 2-39　团队配置所需人员

有了完整的团队配置之后，我们可以根据账号的内容，为粉丝推荐垂直的商品。比如，如果你是做美妆垂直账号的，那么在为直播预热时则可以体现：各大平台及官网，原价 299 元一盒的面膜，今天在直播间只需 99 元就能包邮到家。

3. 直播推广

当主播通过发布垂直的视频内容获得了一定数量的粉丝时，可以通过打官方广告、购买直播推广的方式获得更多的用户进入你的直播间观看直播。

如果选择这个运营方式，主播或运营负责人则应制作美观的封面，并利用简洁的文字在封面体现直播的主要内容以及亮点。如果你的直播封面和直播简介刚好是用户所感兴趣的内容，他们就会进入直播间观看你的直播。

4. 直播间打榜

在直播间打榜（即让粉丝给主播送礼物提高排名）也是快手运营的一个好办法，因为通过打榜进直播间的粉丝相对来说是比较精准的。那么具体应该怎么做呢？

比如，新主播可以去观看快手大 V 的直播，主播之间会形成一种默契，或者说这是不成文的规则。当一个主播为另一个主播打榜至榜一时，另一个主播便会在直播间"喊话"，如"给榜一点击关注"，或"榜一连麦"。

不管是主播让自家粉丝为你点击关注，还是连麦，都会为你的直播间带来人气。但是，打榜有一定的风险，如果你所打榜的主播与你不是同类型，或者该主播的粉丝受众与你不同，这样不仅失去了打榜的意义，还产生了没有必要的花费。所以主播或运营负责人在打榜之前就要预估好对方的粉丝是不是你的受众，冲到榜一所需的费用是否能够承受。

实际上，"打榜+直播"的形式有些像广告投放，往往花几百元，就有可能让你的产品卖爆。

2.4 聚美直播，信任消费

聚美直播是聚美优品推出的美妆达人直播，以教用户化妆、搭配等内容为主，用户可以在此平台上进行互动。聚美优品之所以推出直播，就是为了吸引用户的关注，同时引导用户如何选购好物，最终收获更多利润。

那么，聚美优品的直播与其他直播相比，有何特色呢？本节将带领大家一起看看聚美优品是如何做直播的。

聚美优品很早就推出了"直播＋电商"模式，这种模式的优势在于可以通过与用户互动、给用户不定时发红包的方式来吸引用户，从而带动用户消费。而聚美直播的特色就在于它着力于打造"直播＋品牌＋明星"模式。众所周知，聚美优品是一个专门为女性消费者设计的购物平台，而其创始人陈欧确实也对广大女性消费者的心理十分了解。

利用明星效应拉动用户消费，是聚美优品一贯的战略，而直播将其又提升了一个高度。如图2-40所示，为聚美优品的官网。

图2-40 聚美优品的官网

聚美优品的用户群体普遍比较年轻，这类用户比较注重新鲜感，喜欢尝试各种新奇的事物。

聚美优品抓住了这个90后消费者比重提升的信号，紧跟年轻群体注重个性、潮流、新鲜感和娱乐精神的大方向，不断更新营销手段，与直播相结合，来设计符合年轻群体的直播模式。于是"直播＋电商"模式应运而生。

聚美优品的"直播＋电商"模式更易拉近商家与用户的距离，这与其他直播模式是相同的。不同的是，这种模式可以将直播直接变现，只需要吸引消费者下单即可。

那么，聚美优品究竟是怎么做到的呢？

在内容方面，聚美优品的直播主要包括美妆、护肤、穿搭等一切与女性相关的主题，这恰好都是广大女性消费者所关注的。

在形式方面，则通过发放红包福利、直播截屏送礼品、突破目标粉丝数送亲笔签名新专辑等方式来吸引喜爱明星、具有娱乐精神的消费者。

此外，还利用明星在直播过程中无形植入广告，巧妙地借助明星的"吸睛效应"，吸引无数粉丝流量。

电商应该紧紧抓住直播这个平台，借助"直播+电商"模式来盈利，获得更为丰厚的利润。当然，如何打造具有自身特色和优势的个性化直播也是电商和主播需要认真考虑的。在后面的章节，笔者会为大家详细介绍。

第 3 章

打造主播，快速成长

学前提示

不管在什么行业、做什么工作，想要获得成功、成为专业人士，都要培养各种能力。很多人认为直播就是在摄像头面前和用户聊天，这就大错特错了。

想要成为一名专业的主播，就应该培育各方面的能力，本章笔者将为大家详细介绍主播的成长之路。

要点展示

- 学会包装，更加亮眼
- 提升素质，成功聚粉
- 主播成长，5 大专业
- 确定人设，脱颖而出
- 掌握话术，提升能力

3.1 学会包装，更加亮眼

在视频直播中包装自己，除了对内要丰富自身素养和对外要展现最好的妆容外，还应该在宣传方面实现最美展现，也就是要注意宣传的图片和文字的展示。

先从图片方面来说，一般的直播图片用的是主播个人照片，而要想引人注目，则要找准一个完美的角度，更好地把直播主题内容与个人照片相结合，做到相得益彰。

主播的长相是天生的，而为主播宣传的图片不同于视频，它是可以编辑和修改的。因此，如果主播的自然条件不那么引人注目，此时可以利用后期软件适当进行美化。其中，"美颜相机"App 就是一个不错的手机自拍应用，可以帮助用户一秒变美，效果非常自然，让照片中的人物肤质更白、润、透。

需要注意的是，在宣传和表达自己时不能单纯只靠颜值，美丽只是展示自己、吸引粉丝关注的第一步，在创造 IP 时还需要学会配合一些条件，将美貌与才华、正能量等结合在一起，这样才能发展得更长久。

另外，从文字方面来说，也应该在两个方面努力，即宣传的标题和主播名称，这是吸引受众点击的必要和基础性条件。

- 在宣传标题上，为主播的直播主题取一个好的标题，再辅以主播的高颜值照片，那么其宣传带给人的第一印象必然是美好的。可以说，在设置好最先接触受众的两个方面的情况下，吸引受众注意也就不难了。
- 在主播名称上，为主播添加一个吸引人的并能表现主播魅力的标签，更全面展现主播的重要内容。这样的做法，不仅能更好地包装自己，还能让受众有一个清晰的理性认识，有利于打造富有影响力的形象 IP。

当然，高颜值是相对的。在人的面貌既定的情况下，主播应该在 3 个方面加以努力来增加自身颜值，即最好的妆容、形象整洁得体、最佳的精神面貌。下面针对以上提及的 3 种增加颜值的方式，一一进行介绍。

3.1.1 好的妆容，最能加分

在直播平台上，不管是不是基于增加颜值的需要，化妆都是必需的。另外，主播想要在颜值上加分，化妆也是一个切实可行的办法。相较于整容这类增加颜值的方法而言，化妆有着巨大的优势，具体如下：

- 从成本方面来看，化妆这一方式相对来说要低得多；
- 从技术方面来看，化妆所要掌握的技术难度也较低；
- 从后续方面来看，化妆产生后遗症的风险比较低。

但是，主播的妆容也有需要注意的地方。在美妆类直播中，其妆容是为了更好地体现其产品效果的，因而需要比较夸张一些，以便更好地衬托其效果。

在美妆类直播之外的直播中，主播的妆容应该考虑受众的观看心理，而选择比较容易让人接受的而不是带给人绝对视觉冲击的妆容，这是由直播平台的娱乐性特征决定的。

一般说来，用户选择观看直播，其主要目的是获得精神上的轻松，让自身心里愉悦，因而这些平台主播妆容的第一要义也是唯一要求就是让人赏心悦目，且选择与平台业务相符又展现主播最好一面的妆容。

当然，主播的妆容还应该考虑其自身的气质和形象，因为化妆本身就应该是为了更好地表现其气质，而不是为了化妆而化妆，去损坏自身本来的形象气质。

3.1.2 衣着发型，也很重要

主播的形象整洁得体，这是从最基本的礼仪出发而提出的要求。除了上面提及的面部的化妆内容外，主播形象的整洁得体还应该从两个方面考虑，一是衣着，二是发型，下面进行具体介绍。

从衣着上来说，应该考虑自身条件、相互关系和受众观感这 3 个方面，具体如图 3-1 所示。

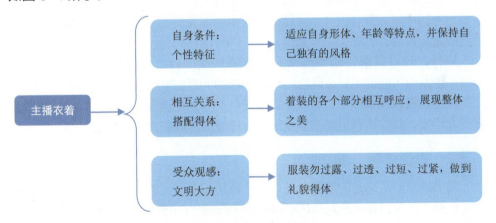

图 3-1　主播衣着的整洁得体体现

从发型上来说，主播也应该选择适合自身的发型。如马尾，既可体现干练，又能适当地体现俏皮活泼，这是一种比较实用的发型。

3.1.3 精神面貌，认真投入

在评价人的时候，有这样的说法：自信、认真的人最美。从这一方面来看，人的颜值在精神面貌方面也是有一定体现的。加入直播平台的主播以积极、乐观的态度来面对受众，充分展现其对生活的信心，也是能加分的。如果主播在直播的时候，以认真、全心投入的态度来完成，那么也能让受众充分感受主播的这一特质,从而欣赏主播敬业的美,并由衷地感到信服。

3.2 提升素质,成功聚粉

在直播平台上,其内容主要还是在两个方面,一是才艺展示,二是专业技能展示。主播在拥有高颜值的情况下,假如在这两个方面没有一定的突出能力,那么原有的基于颜值而吸引来的受众很有可能会流失。

因此,主播只有培育好自身的才艺水平或专业能力,才能在直播这片肥沃的土壤上扎根。

而从主播的专业能力方面来说,必须立足于主播做足了"功课"这一前提,只有这样,才能获得受众的喜欢,从而获得收益和回报。具体说来,应该从 3 个方面来做足直播的"功课",具体分析如下。

3.2.1 播前准备,确保无误

在进行直播前,主播就应该在直播内容及相关方面下功夫。对于每期直播的内容,主播都要有一个完整的方案,要直播什么,采取怎样的方式直播,这些都是要思考的问题。只有这样,才能体现直播的高质量和专业水准,并提供给受众优质的直播内容。

另外,针对直播过程中受众有可能提到的问题,主播也要在直播前设想好——受众有可能提出什么问题,他们提出的问题应该怎么回答。

特别是在教学直播中,这方面的准备就显得尤为重要。因此,主播要想避免被受众问倒,就应该有足够的专业能力,还应该做好各方面的准备。

3.2.2 直播中途,适时调整

当主播做好了充分的准备,并让整个直播按照预定的计划一步步进行下去的时候,并不代表直播就是成功的。这是因为在直播的过程中还有与受众互动的环节,与受众的互动是极容易出现变数的,而主播需要根据互动的反馈结果来适时作出调整,改变既定的直播内容和方向——根据受众需求和喜好来安排,以便更好地赢得受众的喜欢。

3.2.3 播后总结,吸取经验

一次完整的直播,既有好的方面支撑,又存在一定的亟须改善和解决的问题。而主播在直播后的工作就是对直播中的上述问题进行总结,在汲取经验的同时找准问题的关键所在,为下一次直播更顺利提供借鉴。

3.3 主播成长，5大专业

想要成为一名具有超高人气的主播，必不可少的就是专业能力。在竞争日益激烈的直播行业，主播只有培育好自身的专业能力，才能在直播这条道路上走得更远。下面笔者详细介绍主播应具备的5大基本要素。

3.3.1 成长之一，专业能力

想要成为一名具有超高人气的主播，必不可少的就是专业能力，而主播的专业能力主要体现在以下4个方面。

1. 才艺满满，耳目一新

首先，主播应该具备各种各样的才艺，让观众眼花缭乱，为之倾倒。才艺的范围十分广泛，主要的才艺类有唱歌跳舞、乐器表演、书法绘画、游戏竞技等。

只要你的才艺让用户觉得耳目一新，能够引起他们的兴趣，并为你的才艺一掷千金，那么，你的才艺就是成功的。

在各大直播平台上，有不计其数的主播，每个主播都拥有自己独有的才艺。谁的才艺好，谁的人气自然就高。无论是什么才艺，只要是积极且充满正能量的，能够展示自己的个性的，就会助主播的成长一臂之力。

2. 言之有物，绝不空谈

主播想要得到用户的认可和追随，那么一定要有清晰且明确的三观，这样说出来的话才会让用户信服。如果主播的观点既没有内涵，且没有深度，那么这样的主播是不会获得用户的长久支持的。

那么，应该如何做到言之有物呢？首先，主播应树立正确的价值观，始终保持自己的本心，不空谈。其次，还要掌握相应的语言技巧。主播在直播时，必须具备3大语言要素：

- 亲切的问候语；
- 通俗易懂；
- 流行时尚。

最后，主播要有自己专属的观点。只有这三者相结合，主播才能达到言之有物的境界，从而获得专业能力的提升。

3. 精专一行，稳打稳扎

俗话说："三百六十行，行行出状元。"作为一名主播，想要成为直播界的状元，最基本的就是要精通一门技能。通常，一个主播的主打特色是由他的特长支撑起来的。

比如，有人玩游戏的水平很高，那么他就专门做游戏直播；有人是舞蹈专业出身，并十分热爱舞蹈，于是他在直播中展示自己曼妙的舞姿；有人天生有一副好嗓子，于是他在直播中与人分享自己的歌声。

只要精通一门专业技能，行为谈吐接地气，那么月收入上万也就不是什么难事了。当然，主播还要在直播之前做足功课，准备充分，这样才能将直播有条不紊地进行下去，最终获得良好的反响。

4. 挖掘痛点，满足需求

在主播培养专业能力的道路上，有一点极为重要，即聚焦用户的痛点和痒点。主播要学会在直播的过程中寻找用户最关心的问题和感兴趣的点，从而更有针对性地为用户带来有价值的内容。挖掘用户的痛点是一个长期的工作，但主播在寻找的过程中，必须注意以下3点：

- 对自身能力和特点有充分了解，是为了认识到自己的优缺点。
- 对其他主播的能力和特点有所了解，对比他人，从而学习长处。
- 对用户心理有充分的解读，了解用户需求，然后创造对应的内容满足需求。

主播在创作内容的时候，要抓住用户的主要痛点，再以这些痛点为标题，吸引用户关注，并弥补用户在社会生活中的各种心理落差，在直播中获得心理的满足。

用户的主要痛点有：安全感、价值感、自我满足感、亲情爱情、支配感、归属感、不朽感。

3.3.2 成长之二，语言能力

一个优秀的主播没有良好的语言组织能力，就如同一名优秀的击剑运动员没有剑，是万万行不通的。想要拥有过人的语言能力，让用户舍不得错过直播的一分一秒，就必须从多个方面来培养。本节将告诉大家如何用语言赢得用户的追随和支持。

1. 注意思考，亲切沟通

在直播的过程中，与粉丝的互动是不可或缺的。但是聊天也不可口无遮拦，主播要学会"三思而后言"。切记不要太过鲁莽、心直口快，以免对粉丝造成伤害或者引起粉丝的不悦。

此外，主播还应避免说一些不利于网友形象的话语，在直播中学会与用户保持一定的距离，玩笑不能开大了，但又要让粉丝觉得你平易近人、接地气。那么，主播应该从哪些方面进行思考呢？笔者做了以下3个总结，即：

（1）什么该说与不该说？
（2）事先做好哪些准备？
（3）如何与粉丝亲切沟通？

2. 选择时机，事半功倍

良好的语言能力需要主播挑对说话的时机。每一个主播在表达自己的见解之前，都必须把握好用户的心理状态。

比如，对方是否愿意接受这个信息，又或者对方是否准备听你讲这个事情。如果主播丝毫不顾及用户心里怎么想，不会把握说话的时机，那么只会事倍功半，甚至做无用功。但只要选择好了时机，那么让粉丝接受你的意见还是很容易的。

打个比方，如果一个电商主播，在购物节的时候跟用户推销自己的产品，并承诺给用户折扣，那么用户在这个时候应该会对产品感兴趣，并且会趁着购物节的热潮毫不犹豫地"买买买"。

总之，把握好时机是体现主播语言能力的重要因素之一，只有选对时机，才能让用户接受你的意见，对你讲的内容感兴趣。

3. 懂得倾听，双向互动

懂得倾听是一个人最美好的品质之一，同时也是主播必须具备的素质。和粉丝聊天谈心，除了会说，还要懂得用心聆听。

例如，YY知名主播李先生就是主播中懂得倾听的典型。有一段时间，有粉丝评论他的直播内容有些无聊，没有有趣的内容，都看不明白在播什么。于是，李先生认真倾听了用户的意见，精心策划了搞笑视频直播，赢得了几十万的点击量，获得了无数粉丝的好评。

在主播和用户交流沟通的互动过程中，虽然表面上看起来是主播占主导位置，但实际上是以用户为主。用户愿意看直播的原因就在于能与自己感兴趣的人进行互动，主播要了解用户关心什么、想要讨论什么话题，就一定要认真倾听用户的心声和反馈。

4. 沟通竞赛，莫分高低

主播和粉丝交流沟通，要谦和一些，友好一些。聊天不是辩论比赛，没必要分出你高我低，更没有必要因为某句话或某个字眼而争论不休。

如果一位主播想借纠正粉丝的错误或者发现粉丝话语中的漏洞这种低端的行为来证明自己的学识渊博、能言善辩，那么这位主播无疑是失败的。因为他忽略了最重要的一点，那就是直播是主播与用户聊天谈心的地方，不是辩论赛场，也不是相互攻击之地。主播与用户沟通时的诀窍，笔者总结为3点，即：理性思考问题、灵活面对窘境、巧妙指点错误。

语言能力的优秀与否，与主播的个人素质也是分不开的。因此，在直播中，主播不仅要着力于提升自身的语言能力，同时也要全方面认识自身的缺点与不足，从而更好地为用户提供服务，成长为高人气的专业主播。

5. 理性对待，对事不对人

在直播中会遇到个别粉丝爱挑刺儿、负能量爆棚又喜欢怨天尤人，有的更甚，会出现强词夺理说自己的权利遭到了侵犯的情况。这时候，就是考验主播的语言能力的关键时刻了。

有些脾气暴躁的主播也许会按捺不住心中一时的不满与怒火，将矛头指向个体，并给予其不恰当的人身攻击，这种行为是相当愚蠢的。

作为一位心思细腻、八面玲珑的主播，应该懂得理性对待粉丝的消极行为和言论。那么，主要是从哪几个方面去做呢？笔者总结为3大点，即善意地提醒、明确自身不对之处、对事不对人。

一名获得成功的主播，一定有他的过人之处。对粉丝的宽容大度和正确引导是主播培养语言能力的过程中所必不可少的因素之一。当然，明确的价值观也能为主播的语言内容增添不少的光彩。

3.3.3 成长之三，幽默技巧

在这个人人"看脸"的时代，颜值已经成为直播界的一大风向标，但想要成为直播界的大咖级人物，光靠颜值和身材是远远不够的。

有人说，语言的最高境界就是幽默。拥有幽默口才的人会让人觉得很风趣，还能折射出一个人的内涵和修养。所以，一位专业主播的养成，也必然少不了幽默技巧。

1. 收集素材，培养幽默感

善于利用幽默技巧，是一位专业主播的成长必修课。生活离不开幽默，就好像鱼儿离不开水，呼吸离不开空气。学习幽默技巧的第一件事情就是收集幽默素材。

主播要凭借从各类喜剧中收集而来的幽默素材，全力培养自己的幽默感，学会把故事讲得生动有趣，让用户忍俊不禁。用户是喜欢听故事的，而故事中穿插幽默则会让用户更加全神贯注，将身心都投入主播的讲述之中。

例如，生活中很多幽默故事就是由喜剧的片段和情节改编而来。幽默也是一种艺术，艺术来源于生活而高于生活，幽默也是如此。

2. 抓住矛盾，摩擦火花

当一位主播已经有了一定的阅历，对自己的粉丝也比较熟悉，知道对方喜欢什么或者讨厌什么，那么就可以适当地攻击他讨厌的事物以达到幽默的效果。

比方说，他讨厌公司的食堂，认为那儿的饭菜实在难以下咽，就可以这样说："那天我买了个包子，吃完之后从嘴里拽出了两米长的绳子。"抓住事物的主要矛盾，这样才能摩擦出不一样的火花。那么，主播在抓住矛盾、培养幽默技巧的时候，应该遵守哪些原则呢？笔者总结为6大点，即积极乐观、与人为善、平等待人、宽容大度、委婉含蓄、把握分寸。

总之，主播在提升自身的幽默技巧时也不能忘了应该遵守的相关原则，这样才能更好地引导用户，给用户带来高质量的直播。

3. 幽默段子，天下无敌

"段子"本身是相声表演中的一个艺术术语。随着时代的变化，它的含义不断拓展，也多了一些"红段子""冷段子""黑段子"的独特内涵，近几年频繁活跃在互联网的各大社交平台上。

幽默段子作为最受人们欢迎的幽默方式之一，得到了广泛的传播和发扬。微博、综艺节目、朋友圈里将幽默段子运用得出神入化的人比比皆是，这样的幽默方式也受到了众多粉丝的追捧。例如，以"段子手"著称的歌手薛之谦就凭借其幽默的段子吸引了不少粉丝。如图3-2所示，为薛之谦在抖音上发布的搞笑视频。

图3-2 薛之谦的抖音搞笑视频

幽默段子是吸引用户注意的绝好方法。主播想要培养幽默技巧，就需要努力学习段子，用段子来征服粉丝。

4. 自我嘲讽，效果甚佳

讽刺是幽默的一种形式，相声就是一种讽刺与幽默相结合的艺术。讽刺和幽默是分不开的,要想学得幽默技巧,就得学会巧妙地讽刺。

最好的讽刺方法就是自黑,这种方式既能逗粉丝开心,又不会伤了和气。因为粉丝不是亲密的朋友,如果对其进行讽刺或吐槽,很容易引起他们的反感和愤怒。比如,很多著名的主持人为了达到节目效果,经常会进行自黑,逗观众开心。

央视著名主持人朱军在主持新版《星光大道》时,与尼格买提搭档,一老一少,相得益彰。为了丢掉过去自己在观众心目中的刻板形象,更接地气,朱军自黑称自己是老黄瓜、皮肤黑、身材发福等,惹得观众笑声不断。

现在很多直播中,主播也会通过这种自我嘲讽的方式来将自己"平民化",逗粉丝开心。如以一首《童话镇》火遍全网的主播陈一发,就经常在直播中自黑说:"我叫陈一发,身高一米八。"

自我嘲讽这种方法只要运用得恰当,达到的效果还是相当不错的。当然,主播也要把心态放正,将自黑看成是一种娱乐方式,不要过于认真。

3.3.4 成长之四,应对提问

成为一名优秀的主播,就需要学会随机应变。在这种互动性很强的社交方式中,各种各样的粉丝可能会向主播提问,这些活跃跳脱的粉丝多不胜数,提出的问题也是千奇百怪。

有的主播回答不出粉丝问题,就会插科打诨地蒙混过关。这种情况一次两次粉丝还能接受,但次数多了,粉丝就会怀疑主播是不是不重视或者主播到底有没有专业能力。因此,学会如何应对提问是主播成长的重中之重。

1. 做好准备,充分应对

主播在进行直播之前,特别是与专业技能相关的直播,一定要准备充分,对自己要直播的内容做足功课。就如同老师上课之前要写教案备课一样,主播也要对自己的内容了如指掌,并尽可能地把资料备足,以应对直播过程中发生的突发状况。

例如,在章鱼TV上有一个名为"棋坛少帅"的主播专门教授下象棋。由于象棋属于专业教学类的直播,而且爱好象棋的人数也有限,所以火热程度不如秀场直播、游戏直播。但该主播十分专业,对用户提出的问题差不多都会给予专业性的回答,因此得到了一些象棋爱好者的喜欢和支持。

棋坛少帅之所以能赢得粉丝的认可,除了其出色的专业能力之外,还少不了他每期直播前所做的充分准备。如根据每期的特定主题准备内容、准备好用户可能提出的问题答案等。充分的准备,就是"棋坛少帅"应对提问的法宝。

再比如,做一场旅行直播,主播可以没有导游一样的专业能力,对任何问题都回答得头头是道,但也要在直播之前把旅游地点及其相关知识掌握好。这样才不至于在直播过程中一问三不知，也不用担心因为回答不出粉丝的问题而丧失人气。

主播每次直播前，都会对要直播的内容做好充分的准备，如风景名胜的相关历史，人文习俗的来源、发展，当地特色小吃等。因为做了相关准备，所以在直播的过程中就能做到有条不紊，对遇到的事物都能侃侃而谈，对当地的食物、风土人情更是介绍得详细具体。

2. 回答问题，客观中立

应对提问还会遇到另一种情况——回答热点评议的相关问题。不管是粉丝还是主播，都会对热点问题有一种特别的关注。很多主播也会借着热点事件，来吸引用户观看。这种时候，粉丝往往想知道主播对这些热点问题的看法。

有些主播，为了吸引眼球，进行炒作，就故意给出违反三观的回答。这种行为是极其错误且不可取的，虽然主播的名气会因此在短时间内迅速上升，但其带来的影响是负面的、不健康的，粉丝会马上流失，更糟糕的是，想要吸引新的粉丝加入也十分困难了。

那么，主播应该如何正确评价热点事件呢？笔者将方法总结为以下3点：客观中立、不违反三观、不偏袒任何一方。

主播切记不能因为想要快速吸粉就随意评价热点事件，因为主播的影响力远远比普通人要大得多，言论稍有偏颇，就会出现引导舆论的情况。

如果事实结果与主播的言论不符，就会对主播产生很大的负面影响。这种做法是得不偿失的。

客观公正的评价虽然不会马上得到用户的大量关注，但只要长期坚持下去，形成自己独有的风格，就能凭借正能量的形象吸引更多的粉丝。

3.3.5 成长之五，心理素质

直播和传统的节目录制不同。传统节目要达到让观众满意的效果，可以通过后期剪辑来表现笑点和重点。而一个主播则要具备良好的现场应变能力和丰厚的专业知识。

一个能够吸引众多粉丝的主播和直播节目，仅仅依靠颜值、才艺、口才是不够的。直播是一场无法重来的真人秀，就跟生活一样，没有彩排。在直播的过程中，万一发生了什么意外，主播一定得具备良好的心理素质，才能应对种种情况。

1. 突然断讯，随机应变

信号中断，一般借助手机做户外直播时会发生。信号不稳定是十分常见的事情，有的时候甚至还会长时间没有信号。面对这样的情况，主播首先应该平稳心

从零开始学直播营销与运营

态,先试试变换下地点是否会连接到信号,如果不行,就耐心等待。

因为也许有的忠实粉丝会一直等候直播开播,所以主播要做好向粉丝道歉的准备,再利用一些新鲜的内容活跃气氛,再次吸引粉丝的关注。

例如,美拍美食频道的主播"延边朝鲜族泡菜君"专门直播如何制作延边美食,他在直播的时候使用的设备是手机,因此常出现信号中断的问题。

有一次"延边朝鲜族泡菜君"在直播过程中信号突然中断,因为当天家里的WiFi出现了故障,主播调整了1分钟Wi-Fi还是没能恢复正常。

为了让用户能够继续观看直播,记录美食的制作过程,该主播用数据流量播了近半个小时的直播。尽管这次直播耗费了主播不少流量,但粉丝都对他的行为感到很温暖。因为"延边朝鲜族泡菜君"坚持做完直播,就是为了给用户一个完整的体验,很好地照顾了粉丝的心情。

再如歌手李荣浩在一次直播中,手机欠费导致被迫下播,但他马上充了话费重新开播,并打趣道:"这次只能聊100块钱的了。"李荣浩展示了自己接地气和可爱的一面,使得他更受粉丝的喜爱和欢迎。这一"直播意外"还使得他上了微博热搜,吸引了不少粉丝。

李荣浩和"延边朝鲜族泡菜君"面对直播意外的反应值得每位主播学习,这样也避免了直播突然中断的尴尬,如果实在不行,就耐心等待,随后真诚地向粉丝道歉。

2. 冷静处理,打好圆场

各种各样的突发事件在直播现场是不可避免的。当发生意外情况时,主播一定要稳住心态,让自己冷静下来,打好圆场,给自己台阶下。

比如,湖南卫视的歌唱节目《我是歌手》第三季总决赛直播时,就发生了一件让人意想不到的事件。著名歌手孙楠突然宣布退赛,消息一出,现场的所有人和守在电视机前的观众都大吃一惊。

作为主持人的汪涵,不慌不忙地对此事做了十分冷静的处理,首先他请求观众给他五分钟时间,然后将自己对这个突发事件的看法做了客观、公正的评价,汪涵的冷静处理让相关工作人员有了充分的时间来应对此事件。

这个事件过后,汪涵的救场也纷纷被各大媒体报道,获得了无数观众的敬佩和赞赏,他应对突发事件的处理方法值得其他同业人员大力学习。

节目主持人和主播有很多相似之处,主播一定程度上也是主持人。在直播过程中,主播也要学会把节目流程控制在自己手中,特别是面对各种突发事件时要冷静。主播应该不断修炼自己,多多向汪涵这样的主持人学习。

3.4 确定人设,脱颖而出

在这个通信发达的网络时代,各大直播平台也陆续兴起,随之诞生的主播也越来越多。但并不是每一位主播都能给大众留下深刻印象。在直播的初期,人设鲜明的主播往往更容易脱颖而出。

如果仔细观察一下便能发现,能迅速蹿红并经久不衰的主播都有一个特点:他们有属于自己的人设。

那么什么是人设呢?人设即人物设定的简称,也就是主播在大众面前所展示的形象,包括外貌特征和内在的个性特点。

无论是淘宝主播还是短视频达人,他们都是每天会出现在大众视野中的公众人物,所以本节笔者将给大家详细介绍关于主播人设的相关内容。

3.4.1 好的人设,尤为重要

什么是好的人设?一个能够让人记得住、说得清的人设就是好人设。人设就是让别人能记住你,这样你离成功就不远了。

举个例子,抖音中的人气主播"浪胃仙"。提起她,就会联想到大胃王、段子手、金句王,她通过说金句、讲段子和走心等互动交流,避免了粉丝对"吃吃吃"程序化的内容感到厌烦。如图3-3所示为"浪胃仙"的人设形象。

图3-3 "浪胃仙"的人设形象

再如,抖音中的技术流玩家"黑脸V"。他的视频独具创意,并依靠高超的剪辑技术收获了大量的忠实粉丝，说起"黑脸V"，我们就能联想到：戴面具的男人、技术流、特效第一人。如图3-4所示为"黑脸V"的人设形象。

图3-4 "黑脸V"的人设形象

3.4.2 找准方向，确定类型

了解了塑造人设的重要性之后，我们再来详细说说，作为一位新主播，应如何选择和确定自己的人设方向。每位主播身上都有自己的闪光点，而将这个闪光点挖掘出来，会吸引一批粉丝，让大家都喜欢你。所以，找到自己的优势和定位是确定直播内容类型的前提。

塑造一个人设其实也不难，比如现在朋友圈、微博以及小红书等多平台的穿搭主播，她们化着时下最流行的妆容，拥有着令人赏心悦目的面容和凹凸有致的身材，穿上自己家的服装，再进行多角度拍摄。很多人在看到主播拍的照片或视频后都会心动，进而做出购买行为。

但实际上，并不是她们的衣服好看，而是主播们利用自身的外貌优势，吸引了大众，抓住了用户"也想变美"的心理，让大家都想买一件回来"试试看"。

所以，在开播之前，主播们要找到自己的优势，确定人设方向。可以是人美声甜的"邻家妹妹"，也可以是男友力爆棚的女性"老公"，可以是能让人轻松记住的"明星脸"，也可以是多才多艺、舞文弄墨的文艺青年。以下笔者列举了3种人设的类型，以供大家参考，如图3-5所示。

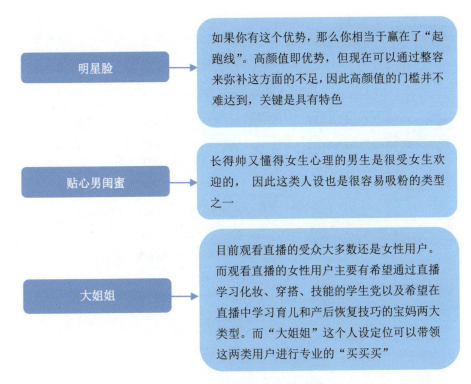

图 3-5　人设的 3 种类型举例

综上所述，找准方向，根据自身优势确定人设方向是每一位新主播在开播前就应该确定的，这也是成为一位优秀主播的前提。

3.4.3　打造差异，用心经营

在找准人设方向之后，用心经营，获取粉丝的信任，很多事都可以事半功倍。最后，关于人设还有很重要的一点，即打造差异化。根据笔者的观察，大多数吸粉快、粉丝多的主播都具有其自己的风格，比如同样是穿搭主播，你和其他的穿搭主播有什么不同？

除了颜值之外，更重要的是主播要注意自身的内在价值，让路人对你产生良好的第一印象，并且让粉丝认可你的处事风格、言语评论等。那么应该如何塑造一个人设呢？每一位主播在开播前都可以问问自己以下 4 个问题，如图 3-6 所示。

总之，打造差异化是塑造人设的重点，每一位主播都应该问问自己这 4 个问题，找到属于自己的人设定位，激发自己的潜能，展现独特的价值。利用差异化，让 IP 快速具有辨识力及标识性。

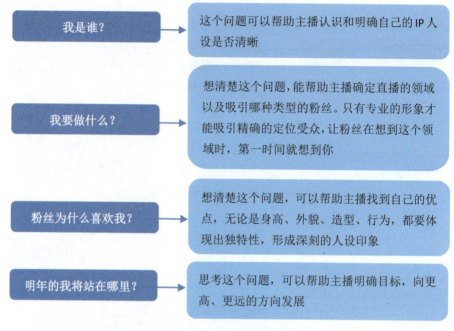

图 3-6 4 个问题

3.4.4 清晰定位，专属直播

清晰定位之后，主播们还可以打造专属于自己的直播，这类 IP 往往更容易从直播行业中脱颖而出。那么，在直播中如何打造专属的直播 IP 呢？笔者认为可以从 3 个方面进行考虑，即个人口头禅、独特造型和特色装饰。

1. 个人口头禅

个人口头禅是人的一种标志，因为口头禅出现的次数比较多，在他人听来通常具有一定的特色。

所以，听到某人的口头禅之后，我们很容易记住这个人，并且在听到其他人说他的口头禅时，我们也会想到将这句话作为口头禅在我们心中留下深刻印象的人。

在抖音短视频中，一些具有代表性的头部账号的视频主往往都有令人印象深刻的口头禅，如李佳琦经常会说"oh，my god""买它！买它！买它！"。如图 3-7 所示为李佳琦的相关抖音短视频，可以看到其中便出现了他的口头禅。

无论是短视频，还是直播，主播或视频中人物的口头禅都能令人印象深刻，甚至当用户在关注某位主播一段时间之后，在听到主播在直播中说口头禅时，都会觉得特别亲切。

图 3-7 李佳琦短视频中的口头禅

2. 独特造型

我们在第一次看一个人时，除了看他（她）的长相和身材之外，还会重点关注他（她）的穿着，或者说造型。所以，当主播以独特造型面对抖音用户时，抖音用户便能快速记住你，这样你的直播 IP 自然会快速树立起来。

如图 3-8 所示为两位主播的直播画面，可以看到这两位主播便是以《西游记》中孙悟空、猪八戒的造型来进行直播的。当我们看到这两个直播之后，便很容易被主播的造型吸引，并对他们的造型留下深刻的印象。

图 3-8 独特造型的主播

当然，这里也不是要大家故意做一些造型去哗众取宠，而是要在合理的范围内，以大多数抖音用户可以接受的、具有一定特色的造型来做直播，争取用造型来给自己的直播 IP 塑造加分。

3. 特色装饰

除了个人口头禅和独特造型之外，还可以通过直播间的特色装饰来打造个人直播特色，塑造专属的直播 IP。

直播间的特色装饰有很多，既包括主播后面的背景，也包括直播间画面中的各种设置。相对于主播后面的背景，直播间画面中的相关设置通常要容易操作一些。

如图 3-9 所示的两个直播中，用贴纸进行了装饰，而抖音用户在看到贴纸之后，因为贴纸的独特性会更容易记住主播及其直播。

图 3-9　用贴纸装饰的直播间

3.5　掌握话术，提升能力

在直播的过程中，主播如果能够掌握一定的话术，会获得更好的带货、变现效果。这一节笔者就来对 5 种直播话术进行分析和展示，帮助主播更好地提升自身的带货和变现能力。

3.5.1　欢迎话术，量身定制

当有用户进入直播间时，直播的评论区会显示进入信息。主播在看到进入直播间的用户之后，可以对其表示欢迎。

当然，为了避免欢迎话术过于单一，主播可以在一定的分析之后，根据自身和用户的特色来制定具体的欢迎话术。具体来说，常见的欢迎话术主要包括4种，如图3-10所示。

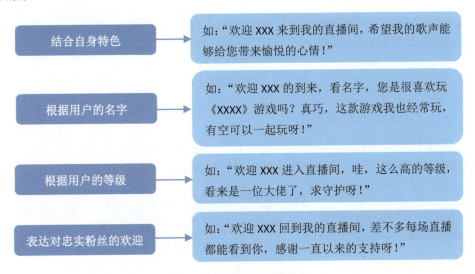

图3-10　常见的欢迎话术

3.5.2　感谢话术，表达真诚

当用户在直播中购买产品，或者给主播刷礼物时，主播可以通过一定的话语对用户表示感谢，如图3-11所示。

图3-11　常见的感谢话术

3.5.3　提问话术，提供选择

在直播间向用户提问时，主播要使用更能提高用户积极性的话语。对此，笔者认为，主播可以从两个方面进行思考，具体如图3-12所示。

图 3-12 常见的提问话术

3.5.4 引导话术，注意技巧

主播要懂得引导用户，根据自身的目的，让用户为你助力。对此，主播可以根据自己的目的，用不同的话术对用户进行引导，具体如图 3-13 所示。

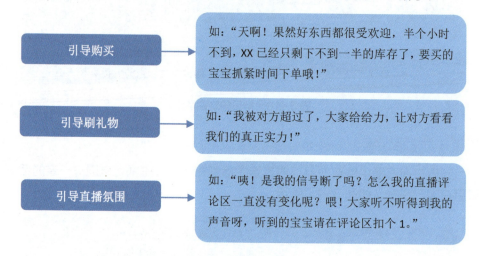

图 3-13 常见的引导话术

3.5.5 下播话术，必不可少

每场直播都有下播的时候，当直播即将结束时，主播应该通过下播话术向用户传达信号，具体如图 3-14 所示。

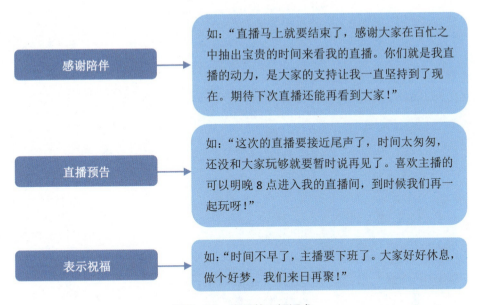

图 3-14 常见的下播话术

第 4 章
内容为王,解决需求

学前提示

直播首先是一种内容呈现形式,因而在内容方面的呈现就显得尤为重要。

那么,怎样的内容才是好的内容呢?从营销方和用户来说,能满足营销方的营销需求和用户的关注需求才是本质要求。本章就从直播的内容出发,对直播营销进行阐述。

要点展示

- 内容模式,两个方面
- 内外联系,选择方向
- 呈现产品,更为具体
- 大胆展示,产品优势
- 用户参与,内容生产
- 邀请高手,增添趣味
- 提供软需,增值内容
- CEO 上阵,更多期待

4.1 内容模式，两个方面

随着视频直播行业的发展，内容的模式基于企业和受众的需求发生了巨大的变化，从而使得在直播内容的准备和策划方面也有了极大的关注点转移：要求明确内容的传播点和注意内容的真实性这两个重点要求。只有这样，才能策划和创作出更好的、更受受众关注的直播内容。下面将从上述两个方面的要求进行具体介绍。

4.1.1 明确内容，找传播点

相对于最初开始直播更倾向于个人秀和娱乐聊天的内容模式，当直播迅速发展和竞争加剧，此时就有必要对直播内容有一个明确的定位，并选择一个可供受众理解和掌握的直播内容传播点，也就是说，在直播过程中，要有一个类似文章中心思想的东西存在，而不能只是乱侃一气。

直播内容的传播点，不仅能凝聚一个中心，把所要直播的观点和内容精炼地表达出来，还能让受众对直播有一个清晰的认识，有利于直播知名度和形象的提升。

一般说来，所有的直播都是有一个明确的信息传播点的，只是这个传播点在界定和选择的方向上有优劣之分。好的信息传播点，如果再在直播策划中和运行中有一个明确的呈现，那么直播也就成功一半了。

4.1.2 在直播时，必须真实

直播是向受众展示各种内容的呈现形式，尽管其是通过虚拟的网络连接了主播和受众，然而，从内容上来说，真实性仍然是其本质要求。

当然，这里的真实性是一种建立在发挥了一定创意的基础上的真实。直播内容要注意真实性的要求，为呈现能和受众产生联系的直播内容，表现在真实的信息和真实的情感两方面，这样才能实现吸引和打动受众的传播目标。

作为直播内容必要的特质，真实性在很多直播中都体现了出来，在此以一个户外美食——《一鸣游记》为例进行介绍。《一鸣游记》是花椒直播平台上推出的节目，全程直播各地的旅游经历。

在这一直播节目中，不仅会直播出发前往的行进过程，如图 4-1 所示；还会在直播中呈现旅游目的地的风景、人文，如图 4-2 所示。另外，主播在直播过程中，也会对旅游所见、所感进行描述。可以说，能让受众真实地感受到直播内容的真实，就好像自身也同主播一起经历了这次旅行一样。

图 4-1 直播前往的行进历程

图 4-2 直播目的地景观

4.2 内外联系,选择方向

在视频直播发展迅速的环境下,为什么有些直播节目关注的受众数量非常之多,有些直播节目关注的受众又非常少,甚至只有几十人?其实,最主要的原因有两个方面,一是对内的专业性,二是对外的用户兴趣。

这两个原因之间是有着紧密联系的,在直播中互相影响,互相促进,最终实现推进直播行业发展的目标。下面笔者将这两个原因分别加以详细介绍。

4.2.1 从内来看,专业技能

就目前视频直播的发展而言,个人秀场是一些新人主播和直播平台最初的选择,也是最快和最容易实现的直播选择。

在这样的直播时代环境中,平台和主播应该怎样发展和达到其直播内容的专业性要求呢?关于这一问题,可以从两个角度考虑:

(1)基于直播平台专业的内容安排和主播本身的专业素养,直播主播自己擅长的内容;

(2)基于用户的兴趣,从专业性角度来对直播内容进行转换,直播受众喜欢的专业性内容。

主播在平台选择直播的内容方向时,可以基于现有的平台内容和受众而延伸发展,创作用户喜欢的直播内容。

在直播中，用户总会表现出倾向某一方面喜好的特点，然后直播就可以从这一点出发，找出具有相关性或相似性的主题内容，这样就能在吸引平台用户注意的同时，增加用户黏性。

例如，一些用户喜欢欣赏手工艺品，那么，这些用户就极有可能对怎样做那些好看的手工艺品感兴趣，因而可以考虑推出这方面的有着专业技能的直播节目和内容，实现直播平台上用户的不同节目间的转移。

而与手工相关的内容又比较多，既可以介绍手工的基础知识和历史，又可以教会用户边欣赏边做，还可以从手工制作领域的某一个点出发来直播。如图4-3所示，为抖音平台的一个名为"猪猪手工"创造的内容。

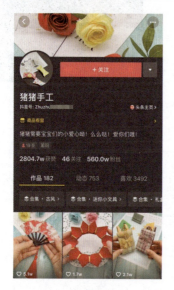

图4-3 "猪猪手工"账号截图

4.2.2 从外来看，迎合兴趣

直播是用来展示给受众观看的，是一种对外的内容表现方式。因此，在策划和考虑直播时，最重要的不仅是其专业性，还有其与用户兴趣的相关性。一般说来，用户感兴趣的信息主要包括3类，具体如图4-4所示。

从图4-4中的3类用户感兴趣的信息出发来策划直播内容，这为吸引受众注意力提供了基础，也为节目的直播增加了成功的筹码。

除此之外，还可以把用户的兴趣爱好考虑进去。如女性受众一般会对综艺节目感兴趣，而男性受众往往会对球类、游戏感兴趣，基于这一考虑，直播平台上关于这些方面的直播内容往往就比较多，如图4-5所示。

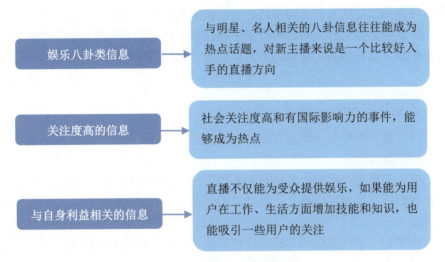

图4-4 用户感兴趣的信息

图4-5 与用户兴趣爱好相符的直播内容举例

4.3 呈现产品，更为具体

利用直播进行营销，最重要的是把产品销售出去，因此，在直播过程中要处理好产品与直播内容的关系，既不能只讲产品，也不能完全不讲产品。

因为如果全程只介绍产品会减弱直播的吸引力，而完全不介绍产品又会忽略营销本质，所以主播在直播时需巧妙地在直播全过程中结合产品主题。

巧妙地在直播全过程中结合产品主题，其意在全面呈现产品实体及鲜明地呈现产品组成，最终为实现营销做准备。那么，具体应该怎样做呢？下面分别进行介绍。

4.3.1 全面呈现产品实体

要想让受众接受某一产品并购买，首先应该让他们全面了解产品，包括其直观感受和内部详解。

因此，在直播过程中，主播一方面需要把产品放在旁边，或是在讲话或进行某一动作时把产品展现出来，让受众能用眼睛看到产品实物。

如图 4-6 所示，为一期关于摄影书营销推广的直播节目，在直播过程中，作者"构图君"借助翻动书本的动作将其展现出来，或者直接用相关的话题把产品展示出来。

图 4-6　直播中的产品展示

另一方面，主播需要在直播中植入产品主题内容，或是在直播中把产品的特点展示出来。

如图 4-7 所示为直播中的可视钓鱼竿，既展示了产品主题内容——"可视钓鱼竿，等鱼上钩不如看鱼上钩"，又利用视频直观地展示了产品特点。

另外，为了更快地营销，一般还会在直播的屏幕上对其产品列表、价格和链接进行标注，或是直接展现购物车图标，以方便受众购买。如图 4-8 所示为淘宝直播的直播间，将商品上架后，点击左下角商品链接就可以跳转至购买页面。

图 4-7 直播中的产品主题内容和特点展示

图 4-8 淘宝直播间页面

4.3.2 鲜明呈现产品组成

在视频直播中,不同于实体店,受众要产生购买的欲望,应该有一个逐渐增加信任的过程。而鲜明地呈现产品组成,既可以更加全面地让受众了解产品,又能让受众在了解的基础上激发起信任心理,从而放心购买。

关于呈现产品组成,可能是书籍产品的精华内容,也可能是其他产品的材料构成展示，如食物的食材、效果产品内部展示等。如图4-9所示为美食直播中一种食品的成品内部呈现和食材呈现。

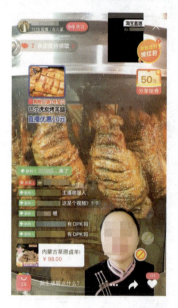

图4-9　直播中的食品成品和食材展示

4.4　大胆展示，产品优势

一般来说，用户购买某一产品，首先考虑的应该是产品能给他们带来什么样的助益，也即产品能影响到用户的哪些切身利益。

假设某一产品在直播过程中所突出体现的产品功能能让用户感到是对自己有益的，就能打动用户和激发他们购买，实现营销目标。

而在突出产品功能和带来的改变这一问题上，直播营销主要是从两方面来实现的，一是利用视频文案来呈现产品优势，二是利用产品来实际操作证明其优势和功能，具体内容如下。

4.4.1　利用文案，体现优势

就视频文案而言，在表现产品优势和其所带来的改变上，其目的是让受众有一个观看前认知。带着特定的认知去关注，可以更清晰地从视频直播中找到其优势所在。如图4-10所示为在视频中通过文案的方式展现了其功能和优势的产品，所带来的改变就是舒适或凉快，主播在直播时也可以采取这种方式吸引观众。

图 4-10 视频中利用文案展示产品功能和优势

4.4.2 实际操作，更为直观

在展现产品给受众带来的变化时，视频直播与其他内容形式最大的不同就在于它可以更清楚、更直观地告诉受众肉眼所能看见的变化，而不再只是单调的文字组成的对改变做出描述的一段话。

虽然写景状物做得好的文字描述，能把景物和物体都直观地呈现在读者面前，然而，在读者脑海中通过文字描述构筑的画面和呈现在眼前的实际的画面还是存在一定差距的。这就是文字与视频的区别。

因此，在视频直播中，利用实际操作把产品所带来的改变呈现出来，可以更好地让受众感受产品的真实效果。

这种直播内容的展现方式在服装和美妆产品中比较常见，例如显瘦的服装穿在人身上所直观呈现出来的感觉，如图 4-11 所示为梨形身材的女孩在穿上不同款式的服装时带来的视觉变化。

又如，美妆产品在化妆的实际操作后所带来的改变。如图 4-12 所示，为修眉前后效果对比。

在直播中，美妆节目所呈现出来的主题内容不仅突出了产品的优势，而且教会了用户化妆的技巧。这是极有可能吸引众多感兴趣和有需求的用户关注的，从而能为线上店铺带来惊人的流量。

图 4-11　梨形身材的女孩在穿上不同款式的服装时带来的视觉变化

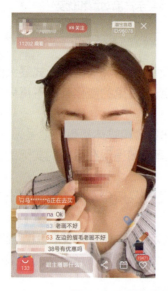

图 4-12　视频直播中修眉前后效果对比

因此，在直播中，一定要将产品的优势和实力尽量地在短时间内展示出来，让用户看到产品的独特魅力所在，这样才能有效地将直播变为营销手段。

4.5　用户参与，内容生产

在直播圈中，UGC 已经成为一个非常重要的概念，占据着非常重要的地位，影响着整个直播领域的内容发展方向。UGC，即 User Generated Content，意为用户创造内容。在直播营销里，UGC 主要包括两方面的内容，具体如图 4-13 所示。

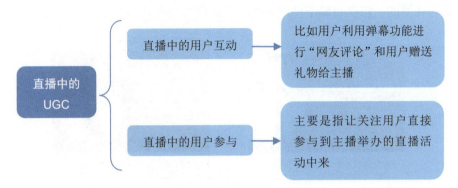

图 4-13　直播中的 UGC

其中，让用户直接参与到举办的直播活动中来，是直播的最重要的元素之一。在直播的发展大势中，让用户参与内容生产，才能更好地丰富直播内容，实现直播的长久发展。

要让用户参与到直播中来，并不是一件简简单单的事，而是要具备必要的条件才能完成。让用户参与到直播中来，有两个必备条件，即优秀的主播和完美的策划。

在具备了上述两个条件的情况下，基于直播潮流的兴起，再加上用户的积极配合，一场内容有趣、丰富的直播也就不难见了。

在直播过程中，用户是直播主体之一，缺失了这一主体，直播不仅会逊色很多，甚至有可能导致直播目标和任务难以完成。

4.6　邀请高手，增添趣味

在视频直播平台上，除了那些经过经纪公司专业培训的娱乐明星等主播直播的节目外，一般还包括另一类人士的直播节目，那就是邀请一些民间的具有某一技能或特色的高手来做直播，这也是一些直播在网络上比较火的原因之一。

所谓"高手在民间"，在直播平台所涉及的各领域中，现实生活中总会有众多在该领域有着突出技能或特点的人存在，直播平台可以邀请相关人士做直播。这样一方面可以丰富平台内容和打造趣味内容；另一方面民间高手的直播，必然与平台培训的主播和明星直播无论是在风格还是内容上都是迥然不同的，这必然会吸引到平台受众的注意。

在现有的视频直播行业中，还是有着许多这样的案例存在的。无论是在知名的直播平台上，还是企业自身推出的直播菜单中，都不乏其例。

例如，在千聊Live知名直播平台上，就有众多民间高手入驻，通过自身账号平台与千聊Live合作，推出直播节目，这些节目不仅有付费的，还有开通会员即可免费的，可供有着不同需求的受众选择，如图4-14所示。

图4-14　千聊Live直播节目

除此之外，还有一些微信公众号或电商运营账号的企业或商家，他们大都是利用自身现有的资源来打造直播节目和内容的。

虽然他们的直播节目在直播过程中可能还存在一些运营方面需要改善的问题，但是他们的直播内容却是根据自身的实践、思考和感悟来写就的，体现出更明显的真实性和趣味性。

如图4-15所示，为微信公众号"玩转手机摄影"的微课直播内容；再如图4-16所示，为电商平台京东推出的直播内容，主播直播紫砂壶烧制过程。

另外，还有一些知名的品牌和企业，利用各种平台，通过邀请民间高手或艺术大师进行直播，这也是一种打造趣味直播内容以增加企业和品牌吸引力，从而提升其影响力的方式。

如图4-17所示，为肯德基邀请二次元美少女直播"吃鸡翅"的节目，吸引了大量用户观看。

图 4-15 "玩转手机摄影"微课直播内容　　图 4-16 京东直播紫砂壶烧制过程

图 4-17 肯德基二次元美少女直播"吃鸡翅"

4.7 提供软需，增值内容

很多优秀的企业在直播时并不是光谈产品，要让用户心甘情愿地购买产品，最好的方法是提供给他们以软需为目的购买产品的增值内容。

这样一来，用户不仅获得了产品，还收获了与产品相关的知识或者技能，自然是一举两得,购买产品也会毫不犹豫。那么,增值内容方面应该从哪几点入手呢?笔者将其大致分为3点:和用户共享,陪伴的共鸣,从直播中学到知识。下面将分别对这3个方面的增值内容进行介绍。

4.7.1 用户共享,提升好感

在如今信息技术发达的时代,共享已经成为信息和内容的主要存在形式,可以说,几乎没有什么信息是以独立而不共享的形式存在的,共享已经成为存在于社会中的人交流的本质需求。

信息共享是表现在多方面的,如信息、空间和回忆等,且当它们综合表现在某一领域时可能是糅合在一起的,如空间与信息、空间与回忆等。因此,对于直播而言也是如此,它更多的是一种在共享的虚拟范围空间扩大化下的信息。

一般来说,当人们取得了某一成就,或是拥有了某一特别技能的时候,总是想要有人能分享他(她)的成功或喜悦,因而,共享也成为人的心理需求的一部分。而直播就是把这一需求以更广泛、更直接的方式展现出来:主播可以与受众分享自己别样的记忆,或是一些难忘的往事等。

当共享与营销结合在一起时,只要能很好地把产品或品牌融合进去,那么受众自然而然地会被吸引而沉浸在其中,营销也就成功了。

可见,在直播中为用户提供共享这一软需的产品增值内容,可以很好地提升用户对产品或品牌的好感,更好地实现营销目标。

4.7.2 陪伴共鸣,增强黏性

直播不仅是一种信息传播媒介和新的营销方式,还是一种实时互动的社交方式,这可以从其对用户的影响全面地表现出来。人们在观看直播的时候,就好像在和人进行面对面的交流,这就使得用户感受到陪伴的温暖和共鸣,具体影响如下:

(1)让用户忘掉独处的孤独感;
(2)让用户有存在感和价值感。

而直播作为一种新的营销方式,如果在其固有的陪伴的共鸣基础上加以发挥,把陪伴的共鸣与产品结合起来,那么用户也将更清晰地感受到这一事实,这样就能更有效地引起关注和增加用户黏性。

4.7.3 边播边做,学到知识

最典型的增值内容就是让用户从直播中获得知识和技能,天猫直播、淘宝直播、聚美直播在这方面就做得很好。一些利用直播进行销售的商家纷纷推出产品的相关教程，给用户带来更多软需的产品增值内容。

例如，淘宝直播中的一些化妆直播，一改过去长篇大论介绍化妆品的老旧方式，而是直接在镜头面前展示化妆过程，边化妆边介绍产品，如图 4-18 所示。

图 4-18　边化妆边介绍产品

在主播化妆的同时，用户还可以通过弹幕向其咨询化妆的相关疑问，比如"油性大的皮肤适合什么护肤产品？""皮肤黑也能用这款 BB 霜吗？""这款口红适合什么肤色"等等，主播也会为用户耐心解答。

其实，不仅是化妆产品如此，其他方面的电商产品直播营销也可照此进行，就直播主题中的一些细节问题和产品相关问题进行问答式介绍。

这样的做法，相较于直白的陈述而言，明显是有利于用户更好地、有针对性地记住产品的。

这样的话，用户不仅仅通过直播得到了产品的相关信息，而且还学到了护肤和美妆的窍门，对自己的皮肤也有了比较系统的了解。用户得到优质的增值内容，自然就会忍不住想要购买产品，直播营销的目的也就达到了。

4.8　CEO 上阵，更多期待

自从直播火热以来，各大网红层出不穷，用户早已对此感到审美疲劳。而且大部分网红的直播内容没有深度，只是一时火热，并不能给用户带来什么益处。

因此，很多企业使出了让 CEO 亲自上阵这一招。CEO 本身就具有吸引力，再加上对产品的专业性了解，也让用户对直播有了更多的期待。

当然，一位 CEO 想要成为直播内容的领导者，也是需要具备一定条件的。笔者将其总结为 3 点，如图 4-19 所示。

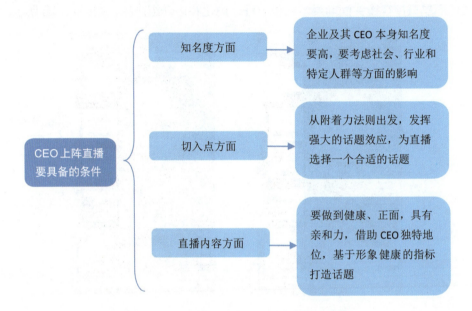

图 4-19　CEO 上阵直播要具备的条件解读

CEO 上阵固然能使得内容更加专业化，可以吸引更多用户关注，但同时也要注意直播中的一些小技巧，让直播内容更加优质。

第 5 章
这样运营，事半功倍

学前提示

直播营销想要获得成功，就应该有一个周密的策划流程。如果只是敷衍了事，那么很难获得用户的关注和追捧。

本章将向大家介绍直播营销的几大流程：选主题、找渠道、供内容、齐推广，旨在帮助大家熟悉流程，掌握直播营销的技巧。

要点展示

- 直播主题，用户为主
- 找准渠道，多方出击
- 优质内容，全面打造
- 直播推广，集多平台

从零开始学直播营销与运营

5.1 直播主题，用户为主

做好直播营销的第一步，就是选好直播的主题。一个引人瞩目的优秀标题是传播广泛的直播不可或缺的。因此如何确立直播主题、吸引用户观看直播是直播营销中最关键的一个步骤。俗话说"好的开头是成功的一半"，选好直播的主题也是如此。

本节将向大家介绍几种确立直播主题的方法，如从用户角度出发、及时抓住时代热点、打造直播噱头话题、专注围绕产品特点等。

5.1.1 直播目的，做好准备

首先，主播要明确直播的目的，是想要营销还是要提升知名度？如果主播只是想要提高销售量，就将直播主题指向卖货的方向，吸引用户立马购买；如果主播的目的是通过直播提升主播知名度和品牌影响力，那么直播的主题就要策划得宽泛一些，最重要的是要具有深远的意义。直播的目的大致可以分为3种类型，即：

（1）短期营销；
（2）持久性营销；
（3）提升知名度。

笔者将重点介绍一下关于持久性营销的直播主题策划。对于持久性营销而言，其直播目的在于通过直播平台持续卖货，获得比较稳定的用户。所以，持有这类直播目的的直播主题应该也具备长远性的特点。

在策划直播的主题时，应该从自身产品的特点出发，结合其他店家的特点，突出自己的优势，或者直接在直播中教授给用户一些实用的知识和技巧。这样一来，用户就会对店家产生好感，并成功成为店家的"铁杆粉丝"。

例如，淘宝直播中有一个叫"XX微胖定制"的商家，是一个专门为微胖女孩提供定制衣服商家。店内所有服装的款式都主打"显瘦"的效果，吸引了不少粉丝。在这个商家的直播中，不仅有产品的直接展示，而且还会告诉用户怎样选择适合自己身材的衣服，让用户感觉购物的同时还学到了不少知识。如图5-1所示为这家淘宝店家的店铺主页和直播的页面。

从图中可以看出，店家在直播中推送了模特的身高和体重，可以让买家进行参考。很多用户看到之后就会觉得很实用，同时也有效抓住了女性的爱美心理，使得用户与店家紧密联系。

许多用户在观看完直播后都能得到一定的收获，所以也会对下次直播会带来什么精彩内容充满期待。这就是持久性营销直播的目的——为了实现销售的长久性，全力黏住、吸引用户。

图 5-1　淘宝店家的店铺主页及直播页面

5.1.2　用户角度，迎合口味

在服务行业有一句经典的话，叫作"每一位顾客都是上帝"，在直播行业用户同样也是上帝，因为他们决定了直播的火热与否。没有人气的直播是无法经营维持下去的。因此，直播主题的策划应以用户为主，从用户角度出发。

从用户的角度切入，要注意的有3点，笔者总结如下：

（1）引起用户情感共鸣；

（2）调查用户喜爱的话题；

（3）让用户投票选主题。

从用户角度切入，最重要的是了解用户究竟喜欢什么，对什么感兴趣。有的直播为什么如此火热？用户为什么会去看？原因就在于这些直播迎合了用户的口味。

现在关于潮流和美妆的直播是比较受欢迎的，因为直播的受众大多都是年轻群体，对于时尚有自己独特的追求，比如"清新夏日，甜美时尚减龄搭""小短腿的逆袭之路""微胖女孩儿的搭配小技巧"等主题都是用户所喜爱的。而关于美妆的直播更是受到广大女性用户的热烈追捧。

例如，淘宝直播有一个名叫"不开美颜的大胖"的主播，专门直播微胖女生的穿搭技巧。在直播中，主播亲自试穿不同的服装，为用户展现如何利用服装搭配的技巧来掩盖身材的缺点，如图5-2所示。同时，如果用户觉得主播试穿的衣服也适合自己的话就可以点击相关链接直接购买，如图5-3所示。

图 5-2 关于时尚穿搭的直播　　图 5-3 时尚穿搭直播，边看边买

美妆的直播也是如此。除此之外，各种新鲜热点、猎奇心理等主题也能勾起用户的兴趣，主播需要从身边的事情挖掘，同时多多关注那些成功的直播是怎么做的，这样才能策划出一个完美的主题。

一般模式的直播都是主播决定主题，然后直接把内容呈现给用户。当然，用户自己投票选择主题也是从用户角度切入的一个点。为了迎合用户的喜好，主播就要准备好"打一场无准备之仗"，即按照用户的意愿来。主播要随机应变，积极调动用户的参与。

投票的另一种方法就是直播之前投票。比如平台方可以在微信公众号、微博等社交软件发起投票，让用户选择自己喜爱的主题。

5.1.3 抓住热点，切记及时

在互联网发展得无比迅速的时代，热点就代表了流量，因此，及时抓住时代热点是做营销的不二选择。在这一点上，主播要做的就是抢占先机，迅速出击。

打个简单比方，如果一名服装设计师想要设计出一款引领潮流的服装，那他就要有对时尚热点有敏锐眼光和洞察力。确立直播主题也是如此，一定要时刻注意市场趋势的变化，特别是社会的热点所在。

总之，既要抓住热点，又要抓住时间点，同时抓住用户的心理，这样才能作出一个优秀的直播主题。

那么，根据热点应该如何策划直播内容呢？在直播内容策划中，抓住热点做直播应该分 3 个阶段来进行，具体内容如下。

1. 策划开始阶段

在这一阶段，直播营销和运营者首先要做的是一个"入"和"出"的问题。

所谓"入"，就是怎样把热点切入直播内容中，这是需要找准角度的，应该根据产品、用户等的不同来选择合适的切入角度。

所谓"出"，就是怎样选择直播内容的发布渠道，这就需要找准合适的直播平台，应该根据自身直播内容分类、自身在各直播平台的粉丝数量以及直播平台特点来选择。

如可以与游戏结合的产品和直播内容，就应该以那些大型的主打游戏的直播平台为策划点，如斗鱼直播、熊猫直播等。如图 5-4 所示为能与游戏结合的直播内容平台选择举例。

图 5-4　能与游戏结合的直播内容平台选择举例

2. 策划实施阶段

在直播内容有了策划的产品切入角度和合适的平台选择等基础后，接下来就是在上述基础上进行具体的内容准备。

首先，策划者应该撰写一篇营销宣传的文案，以便使直播营销更快实现。因此，在撰写文案时，应该抓住热点和受众兴趣的融合点进行文案的撰写。

其次，应该在整体上对直播内容进行规划布局，这是根据热点策划直播整个过程中的主要内容，具体应该注意以下几个方面：

- 在直播中加入引导，巧妙地体现营销产品；
- 主播在直播过程中，应该注意讲述的方式；

- 在直播内容安排上，应该注意讲述的顺序。

3. 策划输出阶段

热点其实是有时效性的，而直播内容也应该在合适的时间点呈现出来：既不能在热点完全过时的时候呈现，因为那时已出现了新的热点，原有的"热点"已经不再是热点了；又不能在热点还只是刚刚萌芽的时候呈现，除非企业自身有着极大的品牌影响力，否则可能因选择不当而错失方向，也可能是为其他品牌宣传做了嫁衣。

因此，直播内容在策划输出时，应该找准时间点，既快且准地击中用户的心，吸引他们关注。

其实，把握热点话题来策划直播内容是一种非常有效的营销方式，具有巨大的营销作用，具体如下：

- 以热点吸引大量的用户关注，增加直播内容受众；
- 以热点的传播和用户参与来引导产品广泛销售出去。

5.1.4 打造噱头，锦上添花

制造一个好的话题也是直播营销成功的法宝。当然，制造话题也是需要技巧的，利用噱头来打造话题会使很多用户为此瞩目。所谓噱头，即看点和卖点。巧用噱头打造话题令用户为之兴奋。

如何利用噱头来打造话题呢？从不同的角度可分为 3 类，即：

（1）引用关键热点词汇做噱头；

（2）抛出关于主播的噱头；

（3）将爆炸性新闻当噱头。

在策划直播主题时，主播要学会利用热点词汇来做噱头，吸引用户的注意。

例如，在《文坛》相声中有一句话："干干巴巴的，麻麻赖赖的，一点都不圆润，盘它！"如图 5-5 所示。这句话原本的笑点在于不管是什么都能盘，遇到什么盘什么。后来被很多主播用于直播的带货中，用于力推产品，让用户买它。

很多主播在直播中也借助这个关键词，吸引用户的眼球。类似的热点词汇还有很多，比如"一言不合就……""走心"等。在直播中，商家常巧妙地借用"走心"这个关键词来吸引用户流量。例如，淘宝直播有一个主题就采用了这个热词，叫"走心的口红推荐评价……"，如图 5-6 所示。

由此可见，打造噱头主题时借鉴热点词汇确实是一个相当实用的技巧，成功地引起人们的情感共鸣，同时也获得了人气和收益。

成功的直播主题策划要能吸引用户前来观看，因此打造噱头成为一种针对性直播方式。

图 5-5 《文坛》相声"盘他"

图 5-6 利用热词打造直播主题

5.1.5 围绕特点，展现优势

如果主播想让用户从头到尾、一会儿不落地将直播看完，那么就一定要围绕产品特点来做直播主题策划。

因为你要向用户全面展示产品的优势和与众不同的地方，这样用户才会产生想要购买的欲望。

围绕产品特点的核心就是"让产品做主角"。有的主播在直播时，将产品放在一边，根本没有向用户详细介绍产品的优势和特点，一味给用户讲一些无关紧要的东西；有的主播一开始直播就滔滔不绝地介绍产品，丝毫没有其他的实用技巧。这两种直播方法都是不可取的，对主播的营销来说百害而无一利。

主播们必须清楚地认识到：产品是关键，产品才是主角，直播的目的就是让产品给用户留下深刻印象，从而激发用户的购买欲。

那么"让产品当主角"具体该怎么做呢？这里有几个基本做法，笔者将其总结为3点，即：

（1）主播讲话要与产品相关；
（2）主播的动作要联系产品；
（3）将产品放在主播旁边。

当然，这需要在直播之前做好相关准备，才能在直播时进行得有条不紊。例如，淘宝直播中有一个卖珊瑚玉的商家，在直播中展示了产品的相关信息，如图5-7所示。而他的直播内容也全都是围绕产品进行，比如珊瑚玉的特色、质地等，而且还可以边看直播边点击链接购买，如图5-8所示。

图5-7　商家对珊瑚玉进行展示　　　　图5-8　珊瑚玉的购买链接

由此可以看出，用户看以销售为目的的直播是因为对其产品感兴趣。因此，直播主题策划就应该以产品为主，大力宣传产品的优势、特点，只有这样，用户才会观看直播，从而购买产品。

5.2　找准渠道，多方出击

在运营直播的时候，找准传播渠道也是一个重要的方面。传播渠道从某种意义上来说，也是模式。

随着直播的不断发展，它已经远远不是单纯的作秀，而渐渐成为真正的营销方式。

所以，想要将产品成功地推销出去，找准传播渠道是一个必不可少的环节。

5.2.1 "发布会+直播"，平台同步

"发布会+直播"这种模式的重点在于多平台同步直播，因为发布会只有多平台同步直播才能吸引更多的用户关注。打个简单的比方，央视的春节联欢晚会如果没有各大卫视的转播，那么其知名度、曝光率就不会那么高。

让产品多渠道展现是向喜欢不同平台的用户提供讨论的专属空间，这样一来，他们也能在自己已经熟悉的互动氛围中进行自由的交流讨论。

例如，小米的手机新品发布会就格外惹人注目，其不同于以往只能在小米官网的娱乐直播上观看，而是在各大直播平台都能观看。比如人气超高的虎牙直播、斗鱼直播、熊猫直播等，如图5-9所示。

图 5-9 与小米合作的各个平台

而小米发布会在各大平台直播所引起的讨论风格也各不相同，因为直播平台的受众年龄不同，因此各自的观点也是有些差异的。

这种"发布会+直播"的模式之所以能获得令人意想不到的效果，其原因在于三个方面，一是直播之前，发布会官方的媒体就会对此消息进行大力宣传和预热，制造系列悬念吸引用户眼球；二是此种模式比较新颖，将传统的商业发布会与直播结合起来，抓住了用户的好奇心理；三是给用户提供了互动的渠道，对产品的不断改进和完善更加有利。

小米的发布会运用多平台同步直播的方式，值得其他产品借鉴，当然，这也要根据产品的性质而定。毋庸置疑，小米的发布会直播取得了巨大的成功，此种模式为其带来了更多流量和用户。

5.2.2 "作秀+直播"，掌握技巧

"作秀"这个词语，可以分两个层面来解释：一个意思就是单纯地耍宝；还有一个意思就是巧妙地加入表演的成分。

很多主播和商家为了避免有作秀的嫌疑，可能会一本正经地直播，但往往没

有什么人看。而有的主播则会利用"作秀+直播"的模式来取得销售佳绩,当然想要打造好这种模式也是需要技巧的。

最重要的是在直播中去除营销味。想要利用"作秀+直播"的模式获得人气,就需要结合产品发挥出自己的特色,同时又不能把重点倾斜于作秀,因此,把握这个"度"是核心。

主播直播时,不能一上来就讲产品,这样显得太过乏味,应该找点用户感兴趣的话题,然后慢慢引到产品身上来。更不能全程都在讲产品,这样用户会失去继续看直播的动力。最好的办法就是作出有自己特色的直播。

在直播中加入具有特色的桥段,让用户感觉主播的直播也可以很有新意,就像表演一样给人带来精神享受。直到直播结束了,用户还回味无穷,希望这场"秀"还能继续上演。可见"作秀+直播"模式只要把握住用户的心理还是很容易获得成功的。

5.2.3 "颜值+直播",不只颜值

在当今的直播营销中,都说对主播的要求比较低,但其实想要成为一位名气度高的主播,门槛还是很高的。比如那些人气高、频繁登上平台热榜的主播,实际上都是依靠背后的经纪公司或者团队的运作,同时,他们也有很高的颜值。

爱美是人之常情,人人都喜欢欣赏美好的事物,所以颜值成为营销手段的因素之一也不难理解。但需要注意的是,颜值并不是唯一,光有颜是不够的,要把颜值和情商、智商相结合,这样才能实现"颜值+直播"的效果。

如何塑造一位有颜值的主播呢?这里面大有学问,笔者将其总结为3点,即:邀请颜值较高的网红或明星做主播;主播的服装、妆容造型要靓丽;主播的行为也要很有"颜值"。

在直播中,主播的表现与产品的销售业绩是分不开的,用户乐意看到颜值高、情商高的主播,这也是颜值高主播人气就高的原因所在。

例如,SK-II 就曾邀请其代言人霍建华担任新品发布会的主播,在美拍直播平台上进行了一场人气爆棚的直播。

这次直播短时间就取得了 80 多万人观看、近 3000 万人点赞的佳绩,而且通过这次直播,本来口碑很好的 SK-II 品牌又获得了更多的知名度和曝光率,此次发布的新品的销售业绩也是节节攀升。不得不承认颜值带来的经济效应确实是不可思议的。如图 5-10 所示为霍建华在美拍的 SK-II 直播。

当然,"颜值+直播"模式的营销效果固然十分出色,但也要注意主播个人素质的培养,只有高情商、高智商和高颜值的结合,才能达到最佳的直播营销效果。

图 5-10 霍建华美拍 SK-Ⅱ 直播

5.2.4 "限时+直播",抓住心理

众所周知,既然直播是为了营销,那么如何让顾客产生购物的欲望则是商家需要思考的问题。在直播过程中,商家如果加入一点"小心机",例如采用"限时购+直播"模式,就会大大激发用户购买产品的冲动。这是一种抓住用户心理的营销战术,能够最大限度地带动用户的购买热情,从而实现营销的最终目的。

比如天猫、淘宝、聚美等平台上的直播都可以边看边买,这样的平台更适合"限时购+直播"模式,为用户提供浸入式的购物体验。

当然,在这种平台直播时,加入限时购的模式也是需要技巧的,应根据用户心理挑选时机来变换弹出产品的方法,单一的形式不容易引起用户的注意。

例如,"邱肉瑶"是一个专卖潮流女装的淘宝商家。该商家主要靠自己主播推销产品,不但亲自换装告诉个子娇小的用户如何搭配衣服,还认真回答用户提出的各种问题,解决用户的疑惑。

在直播中,主播向用户介绍相关的产品,屏幕上就会弹出相应的商品链接,感兴趣的用户可以马上购买。如图 5-11 所示,主播刚介绍完一款吊带上衣,屏幕就弹出了这款产品的链接。

同时,如果用户在观看的同时关注了主播,还会有购物的红包派送,这也是一种明智的营销手段。这样不仅让用户更加想要购买产品,同时又吸引了大量潜在顾客。可谓是一箭双雕,两全其美。

此外,在屏幕下方还有一个产品信息栏,用户可以通过点击"看讲解"按钮来获得相关的产品信息,选购自己喜爱的产品,如图 5-12 所示。

由此可以看出,主播运用"限时购+直播"的渠道进行营销是一种明智的选择,在直播产品的信息展示页中加入限时购内容,才能让用户买得更果断,从而提升销售业绩。

图 5-11　淘宝服装店家直播弹出产品购买

图 5-12　屏幕下方还有一个产品信息栏

5.2.5 "IP+直播",效果可观

　　直播营销和 IP 营销是互联网营销中比较火的两种模式,很多娱乐主播、著名品牌都采用了这两种营销模式,那么,可不可以将二者结合起来呢?"IP+直播"模式的效果会不会更好呢?答案是肯定的。直播营销想要真正地火热起来并

立于不败之地，就需要IP的鼎力相助。

当然，IP也分为很多种，比如一些名人、明星本身就是一个IP，那些经久不衰的小说、名著也是IP，一本经典的人气漫画也是IP。

"IP+直播"模式的核心是如何利用IP进行直播营销。主播如果想要吸引用户和流量，就应该利用名人效应为直播进行预热和造势。传统的营销模式同样也会邀请名人代言，不过那种方法比较硬性，无法勾起用户自然而然购物的欲望。

随着时代的前进，科技的发展，人们购物心理的变化，传统的营销方式不再适用。各种营销手段和营销工具源源不断地产生，名人IP也成为直播营销中不可或缺的宝贵资源。各大主播应该学着借助IP来进行直播营销，利用名人IP的效应，吸引用户观看直播，从而实现直播营销的效果。

"IP+直播"模式吸引用户的效果不容小觑，好好利用的话一定能取得巨大成效。

5.3 优质内容，全面打造

利用直播进行营销，内容往往是最值得关注的。只有提供优质内容，才能吸引用户和流量。主播应结合多个方面综合考虑，为创造优质内容打下良好的基础。

本节将从内容包装、互动参与、内容攻心、口碑营销、事件营销、创意营销等方面介绍如何提供优质内容。

5.3.1 内容包装，额外曝光

对于直播的内容营销来说，它终归还是要通过盈利来实现自己的价值。因此，内容的电商化非常重要，否则难以持久。要实现内容电商化，首先要学会包装内容，给内容带来更多的额外曝光机会。

例如，专注于摄影构图的头条号"手机摄影构图大全"就发布过一篇这样的文章："《湄公河行动》人像构图，教你如何拍出高票房！"通过将内容与影视明星某些特点相结合，然后凭借明星的关注度，来吸引消费者的眼球，这是直播内容营销惯用的手法。

5.3.2 互动参与，了解动态

内容互动性是联系用户和主播的关键，直播推送内容或者举办活动，最终的目的都是和用户交流。

直播内容的寻找和筛选对用户和用户的互动起着重要的作用。内容体现价值，才能引来更多粉丝的关注和热爱，而且，内容的质量不是从粉丝数的多少来体现，和粉丝的互动情况才是最为关键的判断点。

5.3.3 内容攻心，情景诱导

直播的内容只有真正打动用户的内心，才能吸引他们长久地关注。也只有那些能够留住与承载用户情感的内容才是成功的。在这个基础上加上电商元素，就有可能引发更大、更火热的抢购风潮。

直播内容并不只是用文字等形式堆砌起来就完事了，而是需要用平平淡淡的内容拼凑成一篇带有画面的故事，让粉丝能边看边想象出一个与生活息息相关的场景，才能更好地勾起粉丝继续往下看的兴趣。

简单点说，就是把产品的功能用内容体现出来，不是告诉粉丝这是什么，而是要告诉粉丝这个东西是用来干什么的。

5.3.4 口碑营销，口口相传

口碑营销，顾名思义，就是一种基于主播品牌、产品信息在目标群体中建立口碑，从而形成"辐射状"扩散的营销方式。在互联网时代，口碑营销更多的是指主播品牌、产品在网络上或移动互联网的口碑营销。

口碑首先是"口口相传"，它的重要性不言而喻，就如小米，其超高的性价比造就了高层次的口碑形象，利用直播和口碑让品牌在人群中快速传播开来。

5.3.5 病毒传播，广泛传播

在计算机和生物界中，"病毒"都是一种极具传播性的东西，而且它还具有隐蔽性、感染性、潜伏性、可激发性、表现性或破坏性等特征。

在直播营销中，病毒营销确实是一个好的方式，它可以让主播的产品或品牌在不经意中通过内容大范围传播到许多人群中，并形成"裂变式""爆炸式"或"病毒式"的传播状况。

例如，"你比想象中更美丽"是由著名女性品牌多芬发布的一部视频短片。据悉，该视频推出不到一个月，就收获了 1.14 亿的播放量、380 万次转发分享，同时多芬还因此获得了 1.5 万个 YouTube 订阅用户。

多芬通过在全球范围内做相关的调查，得出一个惊人的结论：54% 的女性对自己的容貌不满意。因此，在"你比想象中更美丽"的视频中，塑造了一位 FBI 人像预测素描专家——Gil Zamora 这么一个人物。

他可以在不看对方容貌的情况下，只通过女性自己的口头描述便可以描绘出她们的素描画像。然后，Gil Zamora 再通过其他人对同一位女性的印象再画一张画像。通过将这两张画像对比，Gil Zamora 发现同一位女性人物在其他人眼中要远远比在自己眼中更漂亮。

动人心弦的视频内容，再加上联合利华公司的病毒式营销手段，通过将视频翻译成25种不同的语言，在YouTube下面的33个官方频道同步播放，其内容很快扩散到了全球110多个国家，使多芬取得了巨大的成功。

5.3.6 事件营销，结合时事

直播中采用事件营销就是通过对具有新闻价值的事件进行操作和加工，让这一事件带着宣传特色的模式继续得以传播，从而达到实际的广告效果。

事件营销能够有效地提高主播或产品的知名度、美誉度等，优质的内容甚至能够直接让主播树立起良好的品牌形象，从而进一步促成产品或服务的销售。

5.3.7 创意营销，高点击量

创意不但是直播营销发展的一个重要元素，同时也是必不可少的"营养剂"。互联网创业者或主播如果想通过直播来打造自己或品牌的知名度，就需要懂得"创意是王道"的重要性，在注重内容质量的基础上更要发挥创意。

一个具有创意的内容能够帮助主播吸引更多的用户。创意可以表现在很多方面，新鲜有趣只是其中的一种，还可以是贴近生活、关注社会热点话题、引发思考、蕴含生活哲理、包含科技知识和关注人文情怀等。

对于直播营销来说，如果内容缺乏创意，那么整个内容只会成为广告的附庸品，沦为庸俗的产品，因此主播在进行内容策划时，一定要注重创意性。

5.3.8 技术创新，令人期待

IP市场可以说是群雄逐鹿，各种垂直化、综合化、功能化的内容平台都在并行发展。

当然，这其中不乏很多技术创新平台，主要包括VR技术、AR技术、全息技术以及3D立体技术等直播内容新技术。

1. VR技术

虚拟现实（Virtual Reality，VR）这个词最初是在20世纪80年代初提出来的，它是一门建立在计算机图形学、计算机仿真技术学、传感技术学等技术基础上的交叉学科。

在直播内容中运用VR技术可以生成一种虚拟的情境，这种虚拟的、融合多源信息的三维立体动态情境，能够让观众沉浸其中，就像经历真实的世界一样。

2. AR技术

增强现实（Augmented Reality，AR）其实是虚拟现实的一个分支，它主要是指把真实的环境和虚拟环境叠加在一起，然后营造出一种现实与虚拟相结合的三维情境。

增强现实和虚拟现实类似,也需要通过一部可穿戴设备来实现情境的生成,比如谷歌眼镜或爱普生 Moverio 系列的智能眼镜,都能将虚拟信息叠加到真实场景中,从而实现增强现实的功能。

可以预测,更多主播会将 AR 技术与直播结合起来使用,以此形成较大的影响力,从而增强自己的市场地位。

3. 全息技术

全息技术是利用干涉和衍射原理的一种影像技术,它首先通过干涉原理将物体的光波信息记录下来,然后利用衍射原理将这些光波信息展现为真实的三维图像,立体感强、形象逼真,让观众产生真实的视觉效应。

无论是什么样的直播,都应该先丰富自身内在,而全息影像等新技术正是一种增强自我的好手段,可以为用户带来更加精致的内容。

4. 3D 立体技术

3D 立体技术主要是将两个影像进行重合,使其产生三维立体效果。用户在观看 3D 直播影像时戴上立体眼镜,即可产生身临其境的视觉效果。

在 3D、VR 等高新技术蓬勃发展的今天,主播可以将这些技术运用在网络直播或 IP 内容中,这也是值得期待的。

5.3.9 真实营销,明确需求

优质内容的定义也可以说是能带给用户真实感的直播内容。真实感听起来很容易,但透过网络这个平台再表现,似乎就不那么简单了。

首先,主播要明确传播点,即所播的内容是不是用户想要看到的,是否真正抓住了用户的要点和痛点。这是一个相当重要的问题。

举个例子,你的用户群大多都是喜欢美妆、服装搭配的用户,结果你邀请了游戏界的顶级玩家主播讲了一系列关于游戏技巧和乐趣的内容,那么就算主播讲得再生动、内容再精彩,用户不感兴趣,与喜好不相符合,脱离了真实感,这样,你的直播也不会成功的。

那么究竟要怎么做呢?用一个淘宝直播的例子来说明。比如"慧喵大大"这个主播就十分受用户欢迎,因为她充满真实感,也很接地气。她推荐的东西大多比较平价,而且每次介绍产品也不会用很夸张的语言;还亲自换装,给用户展示服装的效果,如图 5-13 所示。

可以看出,这个商家走的就是做真实内容的营销之路,同时也取得了良好的营销成绩。她成功的原因有哪些呢?

图 5-13 "慧喵大大"的直播

首先,她明确了传播点,也就是中低层年轻群体,收入一般;其次,她在直播中的行为、语言都是真实的;最后,她成功抓住了用户的需求点。

5.3.10 创新内容,"无边界"式

"无边界"内容指的是有大胆创意的、不拘一格的营销方式。平时常见的有新意的广告,比如 iPhone、耐克等品牌的广告内容中没有产品的身影,但表达出来的概念却让人无法忘怀。由此可以看出"无边界"内容的影响力之深。

正如"无边界管理"最终演变成了"没有管理是最好的管理"一样,直播中的"无边界内容"也是一种与传统的内容完全不同的概念,也就是说,它是一种创新性的概念。

概括地说,"无边界"内容的直播营销,就是在直播中完全没有看到任何与产品相关的内容,但是直播所表达出来的概念和主题等却会给受众留下深刻的印象,让受众在接受直播概念和主题的过程中推动着它们迅速扩展,最终促成产品的营销。在传统的广告推广中,无边界内容的表现就有经典的、很成功的案例。

现在很多主播做直播时,营销方式大多都比较呆板。其实做直播也应该创新,多多创造一些"无边界"的内容,吸引人们的兴趣。

如科比的耐克广告,全程展示的都是话语,未提及任何有关耐克产品的内容,但其所体现出来的那种不惧怀疑、勇于挑战的精神概念和主题却深入人心,其广告语"You'd better bring, because I'll bring every I've got it.(你最好全心关注,因为我会全力以赴)"和"Just do it.(只管去做)"也被众多人所记住,如图 5-14 所示。

图 5-14　耐克广告

从耐克到 iPhone，它们无不是利用能让人留下深刻印象的概念和主题来吸引受众，并发挥出它们超强的影响力。其实，耐克和 iPhone 的广告内容采用的就是创新的"无边界"内容。

"无边界"内容指的是有大胆创意的、不拘一格的营销方式。如今，随着直播营销竞争的加剧，企业在进行直播内容创新时，可以考虑多创造一些"无边界"的内容，吸引人们的注意力。

例如，在淘宝直播中有一家专门卖电子产品的商家就十分有创意。该商家的直播内容以《王者荣耀等手游面临下架，竟因这个》为题，让人一开始很难想到这是店铺为了卖电脑等产品而做的直播。很多人都以为这是一个日常的直播，没想到后来竟弹出了相关产品的购买链接，而且直播中还讲述了一些与游戏相关的知识，不看到产品链接根本无法联想到电子产品营销。

这样"无边界"的直播内容更易被用户接受，而且会悄无声息地激发他们的购买欲望。当然，主播在创造"无边界"的内容时，一定要设身处地地为用户着想，让用户更好地接受你的产品和服务。

5.3.11　增值内容，满足需求

在直播时，要让用户心甘情愿地购买产品，最好的方法是提供给他们产品的增值内容。这样一来，用户不仅获得了产品，还收获了与产品相关的知识或者技能，一举两得，购买产品也会毫不犹豫。

那么，增值内容方面应该从哪方面入手呢？笔者将其大致分为 3 点，即陪伴、共享以及让用户学到东西。

最典型的增值内容就是让用户从直播中获得知识和技能。比如天猫直播、淘宝直播、聚美直播在这方面就做得很好。

一些利用直播进行销售的商家纷纷推出产品的相关教程，给用户带来更多软

需的产品增值内容。

例如,淘宝直播中的一些化妆直播,一改过去长篇大论介绍化妆品成分、特点、功效、价格、适用人群的老旧方式,而是直接在镜头面前展示化妆过程,边化妆边介绍产品。如图 5-15 所示为主播为粉丝试色的直播过程。

 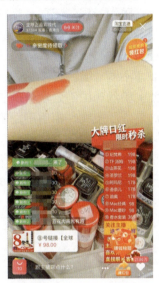

图 5-15　美妆直播试色过程

在主播化妆的同时,用户还可以通过弹幕向其咨询化妆的相关疑问,比如"油性皮适合什么护肤产品?""皮肤黑也能用这款 BB 霜吗?"等等,主播也会为用户耐心解答。

这样的话,用户不仅仅通过直播得到了产品的相关信息,而且还学到了护肤和美妆的窍门,对自己的皮肤也有了比较系统的了解。用户得到优质的增值内容,自然就会忍不住想要购买产品,直播营销的目的也达到了。

5.4　直播推广,集多平台

随着互联网营销的不断发展,各种各样有助于营销的信息工具和软件平台应运而生。学会将直播推广出去,也是直播营销中不可或缺的一环。就算主播介绍得再好,内容再优质,如果没有恰当的推广,那么营销效果也无法达到最佳。本节将向大家介绍在直播中推广的方法和诀窍。

5.4.1　社交网络,自由推广

在直播前进行推广预热是十分必要的,只有这样才能保证有一定的流量。比如，在微博平台，用户只需要用很短的文字就能反映自己的心情或者发布信息的目的，这样便捷、快速的信息分享方式使得大多数主播、商家和直播平台开始抢占微博营销平台，利用微博"微营销"开启网络营销市场的新天地。

在微博上引流主要有两种方式，分别是展示位展示相关信息，以及在微博内容中提及直播。更为常见的就是在微博内容中提及直播或者相关产品，增强宣传力度和知名度。例如，各大直播平台都开通了自己的微博账号，而主播、明星、名人也可以在自己的微博里分享自己的直播链接，借此吸引更多粉丝。

微信与微博不同，微博是广布式的，而微信是投递式的营销方式，引流效果更加精准。因此，粉丝对微信公众号来说是尤为重要的。

尤其是微信的朋友圈，相信不用笔者说，大家都知道，微信运营者可以利用朋友圈的强大社交性为自己的微信公众平台吸粉引流。因为与陌生人相比，微信好友的转化率较高。例如，我们可以将直播链接分享到朋友圈，如图 5-16 所示。朋友只要轻轻一点就可以直接观看直播，如图 5-17 所示。

图 5-16　朋友圈推广直播

图 5-17　点击观看直播

这种推广方法对于刚刚入门的主播更为适用，因为熟人会更愿意帮助推广，逐渐扩大影响力，这样才能吸引新用户的注意，获得更多流量。

5.4.2　品牌口碑，专业推广

作为本身口碑就较好或者规模较大的主播，在推广直播时，可以利用自身的口碑来进行推广。那么应该怎么做呢？本小节将介绍两种最典型也最有效的方式。

1. 自有平台和自媒体推广

现在一般的主播都拥有自己的自平台，因此在做直播营销时，就可以利用自平台来推广自己的品牌。比如小米会在自己的官方网站推送直播消息,京东会在京东商城推送京东直播的消息等。

小米利用官网进行直播推广,能获得更大的浏览量,用户可以通过官网第一时间了解小米的直播动态。首先进行官网推广,接下来再进行微博、微信公众号等地方的推广。利用自有平台推广直播,更能培养粉丝的忠诚度。

此外,自媒体推广也是利用口碑推广的一种绝佳方法。例如,小米的很多直播,都是雷军等自媒体大咖主持的,这样能吸引更多的用户。

因为产品的创始人能以自身的魅力获得用户的青睐,所以他们往往是推广直播的最佳自媒体。

他们可以利用自身强大的影响力,在微信个人号、朋友圈、微博、空间中推广直播,这样效果更加明显。

大主播可以凭借自身的品牌影响力来做直播推广,无论是主播的自平台,还是公众号都可以进行。这就是大主播的优势所在。当然,如果小主播想要利用这种方式进行推广,可以主动申请创建自平台。

2. 利用展览、会议等提升热度

品牌主播可以通过举办展览、开会等方式进行直播推广,因为这些活动通常会引得众多媒体纷纷参与,从而提升主播的品牌影响力。在此过程中,为了宣传主播的品牌,可以加入直播,从而达到推广直播的目的。那么,具体应该怎么做呢?笔者总结为3点,即发传单、做PPT展示、赠送宣传册或纪念品。

总之,利用口碑和品牌进行推广是一种方便又高效的推广方式,只要运用恰当,就会取得良好的成效。

5.4.3 论坛推广,内容丰富

论坛是为用户提供发帖回帖的平台,它属于互联网上的一种电子信息服务系统。在传统的互联网营销中,论坛社区始终是较为重要的一个推广宣传平台。一般情况下,早期的目标用户都是从论坛社区中找到的,再通过发掘、转化,提高用户的核心转化率,逐步打造品牌。

在论坛中进行直播推广,最重要的就是找准热门论坛,然后投放直播信息。比如,搜狐社区、天涯社区、新浪论坛、贴吧、博客等都是当前人们的论坛代表。

在这里投放直播信息的步骤为:首先,收集相关论坛;其次,在收集的论坛里注册账号;再次,撰写多篇包括直播推广内容的软文,保存好;最后,每天在这些热门论坛有选择性地发帖,做好相关记录,如果帖子沉了,用马甲号顶上。

值得注意的是,如果想要让用户关注你的帖子内容,并注意到你所推广的直播信息,就要多在论坛中与用户互动。在互动之后,论坛中关于直播的内容就会渐渐走入用户的视野，相应地直播也就得到了推广。

在论坛社区推广中，首先考虑的主要还是一二线城市中影响力较大的平台。先仔细观察论坛的一些规则与玩法，持续地参与到论坛中去，争取做到论坛版主、小编，这样能够为自身的软文推广创造更多的机会。

5.4.4 软文推广，提取关键

软文推广主要是针对一些拥有较高文化水平和欣赏能力的用户，对于他们而言，文字所承载的深刻文化内涵是很重要的。所以，软文推广对于各大营销方式来说都很实用。

在直播营销中，软文推广也是不可缺少的，而如何掌握软文推广技巧则是重中之重。随着硬广告渐渐退出舞台，软文推广的势头开始上涨，而且以后还会慢慢占据主导地位。比如当年的"必胜客""凡客诚品"都巧妙地通过软文推广宣传了口碑，有效提升了品牌的影响力，从而创下了惊人的销售业绩。

当然，这都是因为他们掌握了一定的软文推广的技巧，那么，在软文直播推广中，我们应该怎么做呢？下面将介绍两种软文直播推广的技巧。

1. 原创软文 + 关键词

原创是创造任何内容都需要的，软文直播推广更是少不了原创。只有原创才能吸引人们的兴趣。在直播营销推广中，关键词的选取是软文写作的核心。如何选取关键词也有相关的标准，如实用价值、略带争议、独特见解。

2. 热门网站 + 总结经验

当你有了优秀的软文推广内容，接下来就该找准平台发布软文，再推广直播信息了。一些人气高的网站往往是软文发布的好去处，而且发布之后还可在网站上与他人交换经验。

目前网上已经有了一些专业的软文发布平台，另外，还可以将软文推广发布在博客论坛等平台，效果也不错。

当然，在网站上发布软文直播推广也有不少注意事项，笔者总结为3点，即：

（1）标题要正中要点；

（2）正文要呈现直播内容、主播信息；

（3）发送直播发布的网址。

不要以为发完直播软文就万事大吉了，发完之后总结经验也是相当重要的。比如用户喜欢哪一类软文、为什么有的软文没有达到预期效果、软文发布到哪个平台反响最好等。主播在平时的工作中多多总结并积累经验，就能够使得软文推广效果越来越好，有助于推广直播信息，从而吸引更多用户观看。

5.4.5 联盟推广，跨越平台

对于直播营销来说，没有用户就没有影响力，因此吸引用户流量是直播营销的生存之本。

在进行直播内容传播时，创业者切不可只依赖单一的平台，在互联网中讲究的是"泛娱乐"战略，直播平台可以以内容定位为核心，将内容向游戏、文学、音乐、影视等互联网产业延伸，以此来连接和聚合粉丝情感，实现高效引流。

在"泛娱乐"战略下，直播平台可以将自己创作的优质内容跨新媒体平台和行业领域来进行传播，使内容延伸到更加广泛的领域，吸引更多的粉丝关注。

直播平台和主播可以借助各种新媒体平台，让内容与粉丝真正建立联系，同时，这些新媒体还具有互动性和不受时间、空间限制的特点。

5.4.6 "地推+直播"，新兴推广

地推作为营销推广方式的一种，主要是利用实际生活中的地推活动获取更大的网上流量，进而达到推广效果的最优化。

打个比方，为了宣传一个品牌，你在学校做了一场活动，主要是通过发传单或者做演讲的形式让路人了解。

这样的推广效果往往是很有限的，因为宣传的影响范围比较窄。但如果你在做活动的同时进行直播，就会有更多的人从网上了解这个活动，尽管他可能不会来到活动现场，但他还是通过直播知道了这件事情，于是品牌在无形之中得到了推广。

地推是一种传统的推广方法，与直播相结合是不可更改的趋势。两者相结合能够最大限度地发挥出营销的效果，是一件两全其美的事情。

那么"地推+直播"模式的优势到底体现在哪些方面呢？笔者总结为3点，即粉丝较多、参与度高、传播范围更广。

5.4.7 借势造势，联合推广

借势推广是抓住热点的一种推广方法，热点的传播速度就如同病毒蔓延一般，让人措手不及。直播想要获得更多的浏览量，就需要借助热点事件的影响力。

此外，"借势+手机通知栏推广"模式也是一种完美的直播推广方法，值得各大主播借鉴应用。

除了借势推广，造势推广也是主播需要学会的推广技巧。造势的意思就是如果没有热点事件可以借势，就自己创造出热点事件，引起用户注意。

造势推广需要一个过程，首先在直播还没开始前就应该营造气氛，让用户知道这件事情，以便直播开始时有一定基础的用户关注；其次是主题的确定，主播

应该根据产品的特色来设计直播的主题；最后是将选择的主播和邀请的明星，通过透露消息来吸引用户，使用户心甘情愿地为直播买单。

直播造势推广的方法多种多样，最典型的就是众多大主播常用的利用自身品牌、代言人等造势。因为其本身就自带大量流量，在进行直播时，只要他有意营造氛围，那么这样的造势推广自然就会夺人眼球。

例如，淘宝在自己的直播平台利用"淘宝购物节"吸引用户的关注。在直播开始之前，淘宝首页就已经开始宣传，造势推广的效果很不错。如图 5-18 为淘宝造势直播。

图 5-18　淘宝造势直播做推广

不管是借势推广还是造势推广，都要主播付出一定的努力和心血，只有细心经营才能助力直播，使其变得火热起来，从而达到营销的目的。

第 6 章
粉丝运营，重中之重

学前提示

对于主播来说，无论是吸粉，还是粉丝的黏性都非常重要。而吸粉和粉丝的黏性又都属于粉丝运营的一部分，因此，大多数主播对于粉丝运营都比较重视。

这一章笔者就通过对粉丝运营相关内容的解读，帮助各位主播提高粉丝运营能力，更好地与用户形成紧密的联系。

要点展示

- 私域流量，获取粉丝
- 公域流量，更多曝光
- 巩固粉丝，持续经营
- 在直播间，如何吸粉
- 了解政策，提升效果

6.1 私域流量，获取粉丝

对于任何生意来说，用户都是最重要的因素，如你拥有成千上万的专属用户，那么，不管做什么事情，都会更容易取得成功。

因此，不管是电商还是个人主播，不管是传统行业还是新媒体行业，打造自己的专属私域流量池，将用户转变为铁杆粉丝，是每一位主播和运营者都需要用心经营和为之努力的。

本节，笔者将为大家详细介绍在运营中经营粉丝的具体方法和技巧。

6.1.1 社交平台，站外拉新

看到标题，很多读者可能会产生疑问：什么是站外拉新？所谓"拉新"，即吸引新的用户。对于各大 App 而言，拉新就是吸引用户进行下载和注册；而对于电商和主播来说，拉新即吸引新的粉丝点击关注。而站外拉新，即通过外部的社交平台和工具进行拉新，积极引入老粉丝关注实现冷启动。

本小节笔者主要为大家介绍 4 种跨平台拉新的途径。跨平台拉新最重要的就是各种社交平台，微博、微信、QQ 等平台都拥有大量的用户群体，是主播引流不能错过的平台。

1. 微信拉新

根据腾讯 2019 年第二季度数据，微信及 WeChat 的合并月活跃账户达到 11.33 亿，实现了对国内移动互联网用户的大面积覆盖，成为国内最大的移动流量平台之一。下面介绍使用微信为主播拉新的具体方法。

1）朋友圈拉新

朋友圈这一平台，对于电商运营者来说，它虽然一次传播的范围较小，但是从对接收者的影响程度来说，却是具有其他一些平台无法比拟的优势，具体如下：用户黏性强，很多人每天都会去翻阅朋友圈；朋友圈好友间的关联性、互动性强，可信度高；朋友圈用户多，覆盖面广，二次传播范围大；朋友圈内转发和分享方便，易于直播内容传播。

那么，在朋友圈中进行直播推广，运营者应注意什么呢？由于主播不能在朋友圈直接进行直播分享，因此可以通过分享短视频的方式吸引微信好友的关注，为直播达到有效拉新，其中，有 3 个方面是需要重点注意的，具体分析如下：

- 运营者在拍摄视频时要注意开始画面的美观性。因为推送到朋友圈的视频，是不能自主设置封面的，它显示的就是开始画面。当然，运营者也可以通过视频剪辑的方式保证推送视频"封面"的美观度。

- 运营者在推广时要做好文字描述。因为一般来说，呈现在朋友圈中的短视频，好友看到的第一眼就是其"封面"，没有太多信息能让受众了解该视频内容，因此，在短视频之前，要把重要的信息放上去，如图6-1所示。这样的设置，一来有助于受众了解短视频，二来设置得好，可以吸引受众点击播放。

- 运营者利用短视频推广商品时要利用好朋友圈评论功能。朋友圈中的文本如果字数太多，是会被折叠起来的。为了完整展示信息，电商运营者可以将重要信息放在评论里进行展示，如图6-2所示。这样就会让浏览朋友圈的人看到推送的有效文本信息。这也是一种比较明智的推广短视频的方法。

图6-1 做好重要信息的文字表述　　图6-2 利用好朋友圈的评论功能

2）微信群拉新

通过微信群发布自己的作品，其他群用户点击视频后，可以直接查看内容，增加内容的曝光率。

但要注意发布的时间应尽量与原视频发布时间同步，也就是说在快手、抖音等平台发布了直播预热信息后马上分享到微信群。但不能太频繁地发布信息。

3）公众号拉新

微信公众号，从某一方面来说，就是一个个人、企业等主体进行信息发布并通过运营来提升知名度和品牌形象的平台。主播如果要选择一个用户基数大的平台来推广短视频内容，且期待通过长期的内容积累构建自己的品牌，那么微信公众平台是一个理想的传播平台。

可以说，公众号的本质是推广，基于此，在发展视频直播行业时，直播平台和主播也可以通过它来推广直播节目。

对那些自身有着众多用户的直播平台和主播而言，自己建立一个微信公众号并做好公众号建设是在微信公众平台上可以选择的最好的直播节目推广方式。当然，对那些没有大量粉丝和用户的直播平台和主播而言，也可以选择这一方式逐渐集聚粉丝和进行推广。

在进行自身的公众号建设的过程中，需要从 3 个方面加以注意，才能做到事半功倍，具体分析如下。

首先，在编撰内容和进行推广之前，需要做好公众号定位，明确微信公众号运营的目的，这是成就公众号的基础和关键。

其次，就是要体现出具有吸引力的内容。对平台和主播而言，赢得更多的用户关注和赢得用户更多的关注是其推广节目内容的两个根本目标，这些目标需要通过内容的各种形式打造来实现，具体有以下 8 点要求：

- 内容有内涵和灵魂。
- 包含长期兴趣信息。
- 攸关用户切身利益。
- 紧密联系时事热点。
- 内容、布局有创意。
- 描写具有场景感。
- 在效果上要能走心。
- 插图清晰、精美。

最后，需要公众平台推送内容的体验感。对用户来说，他们需要一些能够让人耳目一新的内容类型、形式和布局来丰富他们的体验感，这样他们才会有意愿去点击阅读。从这一角度来看，微信公众号可以从 3 个方面加以提升，具体如下：

- 在内容上加入各种活动，如打折促销、品牌故事等；
- 在菜单上加入商城、多种支付方式等更加便利的入口；
- 在互动上加入游戏互动内容或其他更有效的互动硬件。

举个例子，"手机摄影构图大全"是构图君创建的微信公众号，主打摄影的构图垂直领域，经过 3 年多的发展，不仅集聚了粉丝，更是在内容形式上有了更丰富的呈现，并逐渐发展到了直播领域。如图 6-3 所示为"手机摄影构图大全"公众号的主页面和菜单页面。

与上面介绍的自建公众号推广直播节目和借助实力大号推广直播节目不同，"手机摄影构图大全"采用的是基于自身平台内容，在与其他大号和电商平台合作的情况下进行推广，从而为直播的推广和发展贡献其力量。

图 6-3 "手机摄影构图大全"公众号

在"手机摄影构图大全"直播节目的推广和发展中,企业和主播运营者综合了多方面的资源,具体说来,可分为 3 类途径,下面进行详细介绍。

① 自身公众号推广:在推广自身直播节目时,企业和主播利用自身平台,进行直播信息的连续推送,如图 6-4 所示。

图 6-4 直播信息连续推送

更重要的是,在公众号平台上,企业和主播还就已直播过的内容进行回顾和梳理，以便用户更好地理解和掌握，如图 6-5 所示。

图 6-5　直播内容回顾和梳理的信息推送

②　与实力大号合作："手机摄影构图大全"公众号是一步步成长起来的，其初建阶段的主要内容就是尽可能地利用优质内容进行引流，基于此，该公众号在进行直播时，采用与摄影领域实力大号"玩转手机摄影"合作的方法来推出直播内容，开展了一场在千聊 Live 上的直播微课。如图 6-6 所示为"玩转手机摄影"公众号推出的直播节目信息。

图 6-6　"玩转手机摄影"公众号推出的直播节目信息

③ 对接电商平台：构图君不仅是"手机摄影构图大全"公众号的创建者，同时还是一位摄影领域的作家，著有几十本摄影构图畅销专著，这些书籍在京东商城上都有销售。基于这一点，"手机摄影构图大全"公众号对接京东，推出构图君京东直播。如图 6-7 所示为构图君在京东电商平台上的直播。

图 6-7　"手机摄影构图大全"跳转至京东直播

2. QQ 拉新

作为最早的网络通信平台，QQ 拥有强大的资源优势和底蕴，以及庞大的用户群，是直播运营者必须巩固的引流阵地。

1）QQ 签名引流

用户可以自由编辑或修改"签名"的内容，在其中引导 QQ 好友关注直播账号。

2）QQ 头像和昵称引流

QQ 头像和昵称是 QQ 号的首要流量入口，用户可以将其设置为快手的头像和昵称，增加直播账号的曝光率。

3）QQ 空间引流

QQ 空间是直播运营者可以充分利用起来的一个好地方。当然，运营者首先应该建立一个昵称与短视频运营账号相同的 QQ 号，这样更有利于积攒人气，吸引更多人前来观看。下面就为大家具体介绍 7 种常见的 QQ 空间推广方法。

- QQ 空间链接推广：利用"小视频"功能在 QQ 空间发布短视频，QQ 好友可以点击查看；
- QQ 认证空间推广：订阅与产品相关的人气认证空间，更新动态时就能马上评论；
- QQ空间生日栏推广：通过"好友生日"栏提醒好友，引导好友查看动态；
- QQ空间日志推广：在日志中放入主播账号的相关资料，可以更好地吸引受众的关注度；
- QQ空间说说推广：QQ签名同步更新至"说说"上，用一句有吸引力的话激起受众的关注；
- QQ空间相册推广：很多人加QQ都会查看相册，所以相册也是一个很好的引流工具；
- QQ空间分享推广：利用分享功能分享直播信息，好友点击标题即可查看。

4）QQ群引流

用户可以多创建和加入一些与直播号相关的QQ群，多与群友进行交流和互动，让他们对你产生信任感，此时发布直播作品来引流自然就会水到渠成。

5）QQ兴趣部落引流

QQ兴趣部落是一个基于兴趣的公开主题社区，能够帮助用户获得更加精准的流量。用户也可以关注QQ兴趣部落中的同行业达人，多评论他们的热门帖子，可以在其中添加自己的相关信息，收集到更加精准的受众。

3. 微博拉新

在微博平台上，运营者进行直播推广，微博用户基数大，可依靠两大功能来实现其推广目标，即"@"功能和热门话题。

首先，在进行微博推广的过程中，"@"这个功能非常重要。在博文里可以"@"明星、媒体、企业，如果媒体或名人回复了你的内容，就能借助他们的粉丝扩大自身的影响力。若明星在博文下方评论，则会受到很多粉丝及微博用户关注，那么短视频定会被推广出去。

其次，微博"热门话题"是一个制造热点信息的地方，也是聚集网民数量最多的地方。运营者要利用好这些话题，推广自己的直播，发表自己的看法和感想，提高阅读和浏览量。

4. 音频软件拉新

音频内容的传播适用范围更为多样，跑步、开车甚至工作等多种场景，都能在悠闲时收听音频节目。音频相比视频来说，更能满足人们的碎片化需求。

对于运营者来说，利用音频平台来宣传电商平台和主播，是一条非常不错的营销思路。

音频营销是一种新兴的营销方式，它主要以音频为内容的传播载体，通过音频节目运营品牌、推广产品。

随着移动互联网的发展,以音频节目为主的网络电台迎来了新机遇,与之对应的音频营销也进一步发展。音频营销的特点具体如下。

1)闭屏特点

闭屏特点能让信息更有效地传递给用户,这对品牌、产品推广营销而言是更有价值的。

2)伴随特点

相比视频、文字等载体而言,音频具有独特的伴随属性,它不需要视觉上的精力,只需双耳在闲暇时收听即可。

以"蜻蜓FM"为例,它是一款强大的广播收听应用,用户可以通过它收听国内、海外数千个广播电台。而且"蜻蜓FM"相比其他音频平台,具有如下功能特点。

1)跨地域

连接数据的环境下,可以全球广播自由选。

2)免流量

用户可以通过硬件FM免流量收听本地电台。

3)支持点播

新闻、音乐、娱乐、有声读物等自由点播。

4)内容回听

不再受直播的限制,错过的内容可以回听。

5)节目互动

用户通过"蜻蜓FM"可以与喜欢的主播实时互动。

在"蜻蜓FM"平台上,用户可以直接通过搜索栏寻找自己喜欢的音频节目。对此,运营者只需根据自身内容,选择热门关键词作为标题便可将内容传播给目标用户。

运营者应该充分利用用户碎片化需求,通过音频平台来发布产品信息广告。音频广告的营销效果相比其他形式广告要好,向听众群体的广告投放更为精准。而且音频广告的运营成本也比较低廉,十分适合新主播和中小型电商。

例如,美食主播可以与"美食"相关的音频节目组合作。因为这些节目通常有大批关注美食的用户收听,广告的精准度和效果会非常好。

6.1.2 店铺微淘,站内拉新

除了前文中利用社交平台进行站外拉新,还可以通过对商家店铺、微淘等渠道进行预热,引导新老粉丝访问直播间进行站内拉新,提高直播间活跃度,进而获得更多公域曝光度。

以淘宝平台为例，笔者在本小节中将向大家具体介绍几种站内拉新的方式。

（1）在淘宝店铺的首页可以放入预热模板，如图6-8所示。

（2）商家可以设置自动回复，让新老客户都能看到直播信息，如图6-9所示。

（3）通过淘宝中的"微淘"渠道发布直播信息也是一个有效直接的方式，如图6-10所示。

图6-8　淘宝店铺首页预热　　　图6-9　设置客服自动回复

图6-10　微淘发布直播信息

6.1.3 创建社群，增强黏性

创建社群可以让具有相同兴趣爱好的人群聚集在一起。主播或运营者可以创建粉丝群，将粉丝拉进群中，通过日常的沟通，增强与粉丝的互动，从而有效地增强粉丝的黏性。

如图 6-11 所示，某快手直播运营者创建了一个微信粉丝群，并在该群中实时发布产品的折扣信息。

如果对相关产品有需求，粉丝就会留在群里。再加上该快手直播运营者也会适时地发红包感谢粉丝的支持(见图 6-12)，因此粉丝进群之后自然会更愿意留下来。

图 6-11　某快手直播运营者创建的微信粉丝群　　图 6-12　发红包感谢支持

6.2 公域流量，更多曝光

除了利用私域流量获得精准粉丝之外，公域流量也不失为一个拉新的好方法。因为私域流量总归是有限的，但公域流量却能给主播和电商们带来更多的曝光。

为了提升直播时商品转化的效率，优化用户观看直播时的消费体验，也为了让主播的优质内容覆盖更多流量场景，淘宝上线了"直播看点"功能，向所有商家主播和达人主播提供了更好的流量曝光机会。本节笔者将给大家介绍利用"直播看点"进行直播的相关内容。

1. 直播看点有什么功能

直播看点的功能我们要从两方面来看，一是对主播而言，二是对消费者而言。

（1）对直播而言：主播在直播的过程中，讲解到宝贝的卖点之前，需要在中控台上点击该宝贝的"标记看点"按钮，如图6-13所示。而淘宝则会根据主播的打标，生成"直播看点"内容，这样一来，可提高宝贝下单成交的转化率。

（2）对消费者而言：用户在观看直播的过程，可以根据自己喜好自由切换至任意讲解宝贝的片段，如图6-14所示。这样在很大程度上提升了用户的观看体验。

图6-13 主播直播后台页面

图6-14 消费者观看直播页面

2. 使用"直播看点"有哪些好处

知道了"直播看点"是什么之后，笔者带大家来分析一下使用"直播看点"有什么好处，主播和消费者为什么要选择使用它。

（1）使用"直播看点"功能，将会被平台推荐到所见即所得模块和手机淘宝主页搜索渠道，以此来获得更多公域流量的曝光，吸引新粉丝观看和关注。

（2）使用"直播看点"功能的直播内容，在后续淘宝推出的营销活动中，直播间及其直播间售卖的宝贝都有可能优先展示，带来更多流量。

（3）使用"直播看点"功能的直播内容，可以给消费者带来更好的消费体验，可以提高直播间的成交转化率，为主播带来更多收益。

6.3 巩固粉丝，持续经营

当拉新成功，主播或电商积累了一定的粉丝，也就有了基础。这时候，如何来巩固这些粉丝就是接下来要做的重要工作了，我们要做的就是将吸引过来的用户转化为粉丝。本章笔者将从5个方面向大家详细分析如何来加强粉丝的忠诚度。

6.3.1 通过人设，进行吸粉

在前文中，笔者向大家详细介绍了如何确定人设，本节笔者以快手平台为例，为大家介绍一下主播应怎样通过人设增粉。许多快手用户之所以长期关注某个账号，就是因为该账号打造了一个吸睛的人设。因此，快手主播如果通过账号打造了一个让快手用户记得住的、足够吸睛的人设，那么便可以持续获得粉丝。

通常来说，快手主播可以通过两种方式打造账号人设吸粉。一种是直接将账号的人设放在账号简介中进行说明。图6-15所示的账号中，便是通过这种方式，打造"只吃肉不吃菜的女人"这个账号人设的。

图6-15 通过账号简介打造人设

另一种是围绕账号的人设发布相关视频，在强化账号人设的同时，借助该人设吸粉。如图6-16所示为快手号"大胃王阿浩"发布的一条视频，该视频中阿浩吃了一整桌牛肉，并还要加菜。

从"大胃王阿浩"这个账号名称便可以看到该账号"大胃王"的人设，再加上视频中该账号运营者吃的东西非常多，"大胃王"这个人设得到了强化。

因此，许多对美食、大胃王吃东西等内容感兴趣的快手用户，很自然地就成了该账号的粉丝。

图 6-16 快手号"大胃王阿浩"发布的一条视频

6.3.2 个性语言，吸引粉丝

许多用户之所以会关注某个主播，主要就是因为这个主播有鲜明的个性。构成主播个性的因素有很多，个性化的语言便是其中之一。因此，快手主播可以通过个性化语言打造鲜明的个性形象，从而借此吸引粉丝的关注。

主播进行直播时主要由两个部分组成，即画面和声音。而具有个性的语言则可以让直播更具特色，同时也可以让整个直播对用户的吸引力更强。

一些个性化语言甚至可以成为主播的标志，让用户一看到该语言就会想到某位主播，甚至于在看某位主播的视频和直播时，会期待其标志性话语的出现。

例如，李佳琦在直播时，经常会说"OMG！""买它买它！"，于是这两句话便成了李佳琦的标志性话语。再加上李佳琦粉丝量众多，影响力比较大，所以，当其他人说这两句话时，许多人也会想到李佳琦。

正是因为如此，李佳琦在直播时，也开始用这两句话来吸睛。图 6-17 所示为李佳琦发布的两条快手视频的封面，可以看到封面上赫然就写了"OMG！"。而快手用户在观看这两条视频时，看到李佳琦在说"OMG！""买它买它！"会觉得非常有趣，进而关注李佳琦的快手号，这便很好地达到了吸粉的目的。

6.3.3 互关粉丝，增强黏性

如果用户喜欢某个账号发布的内容，可能就会关注该账号，以方便日后查看该账号发布的内容。虽然关注只是用户表达对主播喜爱的一种方式，大部分关注你的用户，也不会要求你进行互关。但是，如果用户关注了你之后，你进行了互关，那么用户就会觉得自己得到了重视。在这种情况下，那些互关的快手粉丝就会更愿意持续关注你的账号，粉丝的黏性自然也就增强了。

图 6-17 李佳琦发布的两条快手视频的封面

6.3.4 挖掘痛点，满足需求

想要巩固粉丝，我们可以输出一些有价值的内容。例如，在网络时代，文字的真实性越来越受到怀疑，而主打真实声音和视频直播的 App 却开始流行起来。

一个标榜微博式的电台——喜马拉雅 FM 吸引了数亿人的目光，其所依靠的就是真实的声音，利用声音作为内容为粉丝带来价值。

另外从定位而言，喜马拉雅 FM 就较为成功，它为用户提供了有声小说、相声评书、新闻、音乐、脱口秀、段子笑话、英语、儿歌儿童故事等多方面内容，满足了不同用户群体的需求。

在 App 的功能上，喜马拉雅 FM 也以真实性的声音为中心。如图 6-18 所示为喜马拉雅 FM 的直播相关页面。

无论何时何地，主播的内容营销最重要的一点，就是聚焦用户的痛点、痒点，即他们最关心的问题、他们的兴趣点和刚需，电商或主播可以从这些方面为用户带去更有价值的内容。

痛点是一个长期挖掘的过程，但是电商或主播在寻找用户痛点的过程中，必须注意 3 点事项，如图 6-19 所示。

图 6-18　喜马拉雅 FM 的直播相关页面

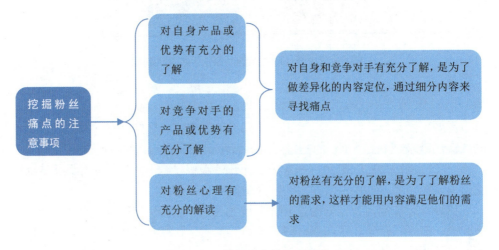

图 6-19　挖掘痛点的注意事项

那么在主播内容营销中，用户的主要痛点有哪些呢？笔者总结为以下 6 点，即：

（1）价值感；

（2）不朽感；

（3）支配感；

（4）安全感；

（5）归属感；

（6）自我满足感。

电商或主播在创作内容的过程中，可以以这些痛点为标题，弥补用户在社会生活中的各种心理落差。

6.3.5 事件驱动，"特点 + 热点"

在直播营销中，既要抓住产品的特点，又要抓住当下的热点，这样两者相结合才能产生最佳的市场效果，打造出传播广泛的直播。例如，在里约奥运会期间，各大商家紧紧抓住相关热点，再结合自家产品的特点进行了别具特色的直播。

一个家具专卖天猫旗舰店的直播紧密围绕"运动"这一热点，其主题就是"家具运动会，全家总动员"。在直播中，主播通过聊奥运热点、趣味事件的方法与用户互动，同时几句话也都离不开自家的家居产品，极力推销优势产品。比如，如何躺在舒适的沙发上观看奥运直播、怎样靠在椅子上聊奥运赛事等。

直播如果能够将产品特色与时下热点相结合，就能让用户既对你的直播痴迷无比，又能使用户被你的产品吸引，从而产生购买的欲望。

6.4 在直播间，如何吸粉

笔者在前文中向大家介绍了在私域流量和公域流量中获取粉丝和获得更多曝光的方法，但其实在直播间也是能吸粉的，本节将具体向大家介绍其方法。

6.4.1 获高人气，直播技巧

下面笔者总结了一些让主播直播间人气暴涨的技巧，如图 6-20 所示。

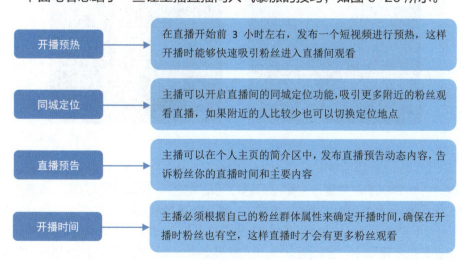

图 6-20　让主播直播间人气暴涨的技巧

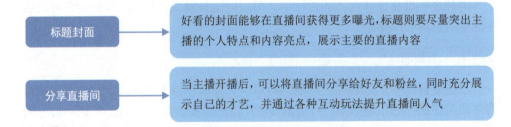

图 6-20　让主播直播间人气暴涨的技巧（续）

另外，主播也可以积极参与平台推出的直播活动，赢取更多曝光机会和流量资源。

6.4.2　轻松提升，收益技巧

直播变现是很多主播都梦寐以求的，下面笔者根据抖音和快手平台的直播变现方式，总结了一些提升直播间收益的技巧。

（1）主播任务：在抖音直播界面中，主播可以点击右上角的"主播任务"图标，查看当前可以做的任务，包括直播要求、奖励和进度，点击任务还可以查看具体的任务说明，如图 6-21 所示。

图 6-21　主播任务

（2）礼物收益：在直播时，喜欢主播的观众会送出各种礼物道具，此时一定要对粉丝表达感谢之情。主播可以通过活动来提升直播间热度氛围，收获更多的粉丝礼物，同时还可以冲进比赛排名，得到更高的礼物收入。

（3）电商收益：主播可以在直播的同时卖货，做电商直播来赚取佣金收入。例如，在抖音直播中，主播可以点击"添加直播商品"按钮来添加直播商品，如图 6-22 所示。

图 6-22　添加直播商品

6.5　了解政策，提升效果

所有直播平台都在提倡"绿色直播"，因此主播一定要关注各个平台的直播规范，与平台一起共同维护绿色、健康的网络生态环境。

在快手直播时，主播需要遵循《快手直播规范》中的相关规则，给观众带来健康向上的直播内容，如图 6-23 所示。针对违反规则的主播，平台会根据违规情况给予永久封禁直播或账号、冻结礼物收益、停止当前直播、警告等不同程度的处罚。

图 6-23　《快手直播规范》中的部分规则

平台直播时要提倡文明、健康、绿色的直播环境，拒绝低俗、有碍风化的表演。在直播期间，主播要以身作则，与此同时平台也要加强监管，杜绝涉嫌违法内容。

针对主播本身，必须具备一定的主播素养和能力，符合平台主播要求。直播时要严格遵守相应的法律协议，例如：进行网络直播时需符合所在地法律的相关规定，不得以履行协议名义从事其他违反中国及所在地法律规定行为。如图 6-24 所示，为淘宝法规（注：具体规定以平台协议为主）。

图 6-24 淘宝法规

第 7 章
营销技巧,打造王牌

学前提示

直播具有即时性、互动性等特点,对企业积累人气、推广品牌等有很大的作用,因此了解直播营销的知识技巧相当重要。

本章将为大家介绍直播营销的相关内容,比如营销步骤、营销优势、营销类型、营销模式等。

要点展示

- 直播步骤,一图概全
- 播是手段,"销"是关键
- 类型引导,打造形式
- 6种方式,花式营销
- 模式探索,推动营销

从零开始学直播营销与运营

7.1 直播步骤，一图概全

直播集合了网络化、视觉化和可交互3大特点，是连接目标群体有效且流行的方式。而营销的目的就是挖掘直播的价值，从而实现变现。那么直播营销从准备到实施，需要经过哪些过程呢？在了解营销技巧前，笔者先总结并细化直播9个步骤，如图7-1所示。

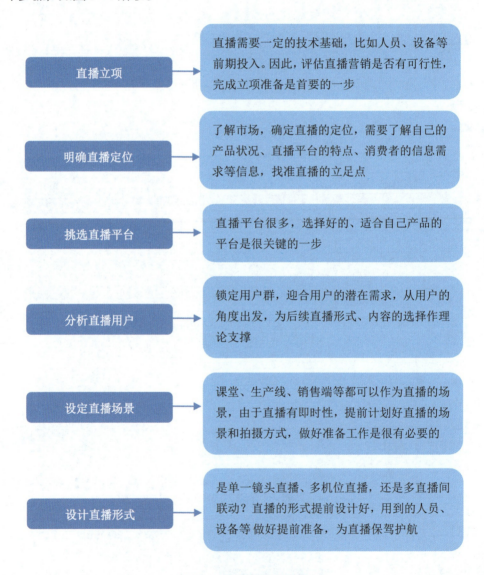

图7-1 直播销售的步骤

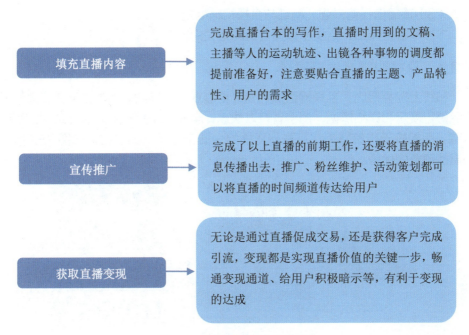

图 7-1 直播销售的步骤（续）

7.2 播是手段，"销"是关键

"啊？没有了，不会补货了，抢到就是抢到，抢不到就没办法了！"

"OMG，你们的魔鬼又来咯！"

"所有女生，买它！买它！买它！"

就算你没有看过淘宝直播，也一定对以上几句话有所耳闻。是的，这几句流行语来自于带货头部达人"淘宝直播一姐——薇娅"和"口红一哥——李佳琦"。

在淘宝双 11 活动中，淘宝直播带动成交接近 200 亿元。2020 年的"新冠状病毒"期间，电商直播也拯救了无数中小实体企业。大家纷纷发出疑问：电商直播真的这么赚钱吗？未来的趋势又是什么？淘宝的直播已经达到千亿量，是否还有继续增长的空间？

据官方数据显示，2018 年淘宝创造了近 1000 亿的销售额；2019 年的"618 购物狂欢节"，淘宝直播的天猫成交额达到 130 亿元。由此可见，电商直播的确是迎来了爆发期和红利期。关于电商直播的爆发原因，经笔者总结主要有 3 点，即：

（1）直播购物更直观，增加用户购买欲望；

（2）直播零距离互动，提高用户消费频率；

(3)直播信任背书强,网红与直播相辅相成。

本节笔者将详细介绍关于直播营销的相关内容。

7.2.1 直播购物,优势尽显

和线上购物相比,互联网直播购物会更直观、更详细。通过主播在直播间对产品进行展示和详细解说,消费者可以快速、全面地了解产品,从而增强购买的欲望。而相较于传统营销,互联网直播给企业带来了新的机会。如图7-2所示为直播销售的优势。

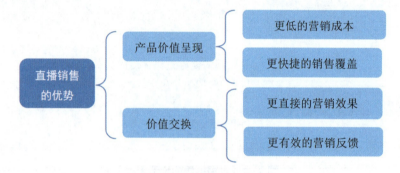

图7-2 直播销售的优势

借助直播,企业可以在实现产品价值的环节支付更低的营销成本。直播营销对场地、物料等需求较少,是目前成本较低的营销形式之一。笔者将从以下3个方面具体分析。

1)收获更快捷的营销覆盖

直播营销将主播试吃、试穿、试玩、试用等过程直观地展示在观众面前,更快捷地将用户带入营销所需场景。

2)在实现价值交换环节,实现更直接的营销效果

消费者在购买商品时易受环境影响,通过群体效应或者观察主播使用感等原因而直接下单。

因此在设计直播营销时,企业可以重点策划主播台词、优惠政策、促销活动,同时反复测试与优化在线下单页面,以收获更好的营销效果。

3)收到更有效的营销反馈

直播的高互动性促使主播将直播内容呈现给受众的同时,观看者也可以通过弹幕的形式分享体验。

因此企业可以借助直播,一方面收到已购买过产品的消费者的使用反馈;另一方面,通过现场观众的观看反馈,为下一次直播营销进行修正,进而达到更好的直播效果。

虽然直播营销还处在摸索阶段，但直播的互动性营销优势已经成为共识。一般而言，大家对直播的互动印象主要为打赏、发弹幕、送礼物。接下来，笔者将围绕直播的实时互动性，具体介绍一些主播可以利用直播营销优势的具体方法。

1. 增强参与感，发挥交互优势

直播营销过程中，如果只是主播一直在介绍产品，那么用户肯定会因为觉得枯燥无味而离开直播间，甚至会取消对主播的关注。

这时，就应该大力发扬直播平台本身的交互优势，主播一定要及时与用户互动，这样才会带动用户的参与，增强用户的参与感。

比如，在展示商品的同时与观看者进行交流沟通，及时回应用户提出的问题。如图7-3所示为淘宝直播中某服装店铺的主播在展示商品时与粉丝之间的交流。

图7-3　淘宝直播中主播与粉丝的交流过程

再如，在淘宝直播中，有一场主题为"懒人必备自加热小火锅"的食品直播。在直播中，用户可以提出对产品的各种疑问，然后主播对其进行解答，比如用户提问"小龙虾优惠多少"。除此之外，如果用户觉得主播的产品很实用，还可以关注主播，或者送礼物给主播。

用户在直播中获得了自己想知道的信息，大大增强了参与感，已经不能和单纯地观看直播相提并论，这也使得直播营销的业绩不断提升。

2. 加强品牌黏性，懂得倾听需求

加强企业品牌黏性也是直播的营销优势之一，而加强企业品牌黏性又需要根

据用户的需求来进行直播。

很多企业也需要向那些人气高的主播学习直播的技巧，他们之所以得到众多用户的喜爱和追捧，原因就在于他们懂得倾听用户的心声，并实时根据用户的需求来直播。那么企业具体要怎样倾听用户的需求呢？笔者将其要求总结为3点，即：

（1）把握用户心理；

（2）及时做出反馈；

（3）对直播进行调整。

3. 应用从众心理，结伴相继购买

在直播营销中，不仅有主播与用户的互动，也有用户与用户之间的互动。比如，用户之间用弹幕进行交流，谈论产品的性价比等。

用户在进行交流的同时，会产生一种从众心理，从而提高购买率。因此在直播时，可时不时弹出"某某正在去买"这样的字眼，如图7-4所示，其目的就在于利用用户的从众心理，吸引他们去购买产品。

图7-4 直播界面"某某正在去买"

7.2.2 适应变化，持续竞争

了解了直播营销的优势，那么主播应该怎么做才能成为一个具有持续竞争力的电商主播呢？笔者总结了以下3个建议。

1. 从"货品为上"到"内容为上"的转变

以淘宝平台为例,在淘宝直播发展的初期,入驻平台的主播较少,但因有淘宝巨额流量的扶持,吸引流量也并不难。消费者往往会因为新鲜感而进行尝试,因此在初期发展这一时间段,曝光量约等于销量。

随着越来越多的人参与到直播中来,竞争越来越激烈,主播们开始比拼性价比,利用优惠券和折扣吸引用户。如图 7-5 所示,为直播间的专拍价格。该电商主播不仅利用低价吸引用户下单,还用送香水小样的方式吸引用户关注,如图 7-6 所示。

图 7-5 直播间专拍价格链接

图 7-6 吸引用户点击

由于商品始终会有成本价格,各大主播给出的折扣区别不会太大,因此从未来的趋势上看,只依靠性价比未必会有优势。

主播们除了掌控供应链之外,还需要在"内容"上下功夫。也就是说,光靠推荐商品已不足以吸引用户,主播还需要对产品或自身讲述相关故事,善于包装。换言之,主播会越来越娱乐化,成为一场"表演秀"。

2. 建立良好的社交电商关系

当市场经济还未形成,人与人之间还没有商贸时,出现了"人找商品"的局面;后来因市场经济竞争变大,商品的选择也变多,则出现了"商品找人"。但不管是"人找商品"还是"商品找人",都始终属于"人与商品"的范畴。

主播或电商如果想要具备可持续发展的竞争力,必然要建立并维护"人与人"之间的关系。比如线下实体门店,同一门店的不同导购员,业绩往往也不一样,擅长与人沟通的导购的业绩往往会更好。线上营销的道理也是如此，即使不像线下一样面对面与人交流，主播们也需要和用户建立起相互信任的关系。

3. 以粉丝利益为核心

对于主播来说，一定要把粉丝的利益放在第一位，否则就会出现直播间"翻车"的尴尬情况。当你在直播间销售的商品出现质量问题、安全问题，或是价格高出其他渠道，粉丝下次就不会再在你的直播间购买商品，甚至取消关注。

要知道，人设一旦被毁，那么再次塑造就很难了。因此，主播们在营销过程中一定要以粉丝的利益为核心，这样才能持续发展。

以上即为笔者为大家推荐的3点建议。2020年，随着5G时代的来临，电商直播的发展速度会更快。主播们将货品的品质提升起来，是转化的关键。明星参与直播的带货也会成为常态。

7.2.3 产品主题，贯彻过程

利用直播进行营销，最重要的是要把产品销售出去，因此，在直播过程中要处理好产品与直播内容的关系——巧妙地在直播全过程中结合产品主题。

其意在全面呈现产品实体及鲜明地呈现产品组成，最终为实现营销做准备。那么，具体应该怎样做呢？下面分别进行介绍。

1. 产品实体的呈现

主播需要在直播中植入产品主题内容，或是在直播中把产品的特点展示出来。此外，为了更快地营销，一般还会在直播的屏幕上，对其产品列表、价格和链接进行标注，或是直接展现购物车图标，以方便受众购买。

2. 产品组成的呈现

视频直播不同于实体店，受众要产生购买的欲望，应该有一个逐渐增加信任的过程。而鲜明地呈现产品组成，既可以更加全面地了解产品，又能让受众在了解产品的基础上激发起信任心理，从而放心购买。

关于呈现产品组成，可能是书籍产品的精华内容，也可能是其他产品的材料构成展示，如食物的食材、产品内部效果展示等。

7.3 类型引导，打造形式

互联网营销对平台的需求不断提升，各种互联网平台都成为网络营销的热点，其中形式多样的网络直播平台更是热点中的热点。

网络直播对网络营销来说，无疑是具有很大促进意义的平台，本章笔者将通过具体的直播方式以及直播平台的介绍，使大家了解网络直播中的网络营销。

网络直播的方式主要包括：信息披露直播、品牌宣传直播、理财专家直播、网红代言直播、客服沟通直播、娱乐活动直播、淘宝店铺直播、线下线上整合直播等具体玩法，本节笔者将具体介绍。

1. 信息披露型

信息的传播越来越快捷、便利，人们对信息的及时性要求越来越严苛，报纸、新闻等传播渠道开始显得落后了，网络直播这种既能及时披露又能直观显现信息的方式，已经成为信息传播领域的热门和新宠。

信息披露类直播最具代表性的，是对各种体育赛事如足球、篮球等的直播。此类直播能及时在线传播比赛详情，弥补广大球迷不能去现场观看比赛的遗憾，因此很受观众的欢迎。

2. 品牌宣传型

互联网时代的企业品牌宣传，已经成为企业营销不可缺少的组成部分，而直播式的品牌宣传活动，已经渐渐地成为企业宣传的主流。有想法运营网络营销的互联网企业，应该顺应这种主流来树立自己的品牌。

例如，小米、乐视、魅族、华为、锤子等品牌手机的新品发布会，就很好地利用了直播这种形式，进行品牌和产品的宣传推广。例如，小米2016春季新品发布会直播，雷军宣布推出了小米5、小米4s等新款产品，并对手机相关性能作了演示和介绍。

3. 理财专家型

身价资产是每个人都关心的事情，与之对应的理财专家的直播，则是广受欢迎的直播方式之一。

例如，毕业于复旦大学新闻系的财经作家吴晓波，出版了一系列的财经类相关书籍，如《大败局》《穿越玉米地》《非常营销》《被夸大的使命》《激荡三十年》等。多年的商业写作和记者经验，使吴晓波具备了丰富的商业知识。

4. 网红代言型

如今，普通网店那种简单的商品罗列已经很难打动消费者，因为消费者看不到他们想要的东西，网红代言成为新的网店热点。例如，著名网红董小飒，是LOL（英雄联盟）知名玩家、YY知名解说，目前是虎牙直播签约主播。如图7-7所示为董小飒在虎牙平台上的主页截图。

董小飒早期便在直播平台积累了超过100万的订阅量，LOL游戏解说为他带来了大量高黏性的粉丝，随后，董小飒将这些粉丝引流到淘宝店铺，他的淘宝店每个月的收入超过 10 万。在视频直播中获得粉丝后，董小飒转型淘宝开店为自己代言，通过网络营销的方式实现粉丝变现。

图 7-7　董小飒虎牙平台首页

5. 客服沟通型

客服沟通直播通过直接视频展现的方式，使用户对企业服务更为了解，从而拉近企业与用户之间的距离。

例如，中国移动微博推出客服直播对话服务，使用户既能闻其声，还能见其人，为客户提供了更为真实、形象的服务。

6. 娱乐活动型

移动互联时代，一切都往娱乐化方向发展，通过展开直播相关的娱乐活动，能促进企业影响力的提高，娱乐活动的直播成为新的直播热点。而且，不只是局限于公司企业，明星、网红，甚至普通人，也可以通过展开娱乐活动的直播来为自己积累人气；这也正是直播活动的魅力所在，对于品牌的推广有很大的借鉴意义。例如，王宝强自导自演的喜剧电影《大闹天竺》在北京举行"西征饯行会"，同时邀请了陈凯歌、冯小刚、徐峥、陈思诚、曹保平、韩杰、李杨等诸多一线导演助阵。王宝强表示，希望在电影拍摄时，将片场那些搞笑的、有趣的以及感动的画面在第一时间分享给用户。为了更好地为自己首次导演的新片进行宣传，王宝强还在斗鱼平台上直播了共计 900 分钟的片场趣事。

通过与斗鱼直播平台的强强联合，王宝强的《大闹天竺》直播间在线人数一度突破 500 万大关，同时也为电影行业带来了一种全新的营销模式——"网络直播＋电影"模式。直播类新媒体平台具有较强的互动性，这些强大的粉丝经济为竞争激烈的电影行业带来新曙光。

网络是拉近品牌与粉丝距离的重要途径，通过网络上的直播互动能使粉丝更加熟悉品牌，这对品牌的营销具有非常重要的意义。

7. 淘宝店铺型

在淘宝这个时尚媒体开放平台，聚集了一大批以淘女郎为代表的电商红人。她们向粉丝销售的已经不仅仅是产品本身，更多的是一种生活方式和体验，其网络营销是在与忠实粉丝长期互动中自然演化而来的。

很多消费者喜欢在网红店铺购物，因为粉丝觉得她们搭配的衣服好看，希望穿出和她们一样的效果。例如，网络红人张大奕，从一个模特成功转型为拥有五颗皇冠的淘宝卖家。如图 7-8 所示为张大奕淘宝店铺首页截图。

图 7-8　张大奕淘宝店铺首页

张大奕的成功营销离不开她个人的努力，也离不开粉丝的支持。张大奕的淘宝店铺主要采用文艺、清新的内容风格，深受广大粉丝欢迎，粉丝产生的购买力就是她店铺的最核心竞争力。

张大奕的淘宝店曾创下上线新品两秒卖完的销售盛况，只用 3 天就完成了普通线下店铺一年才能做到的销量，平均月销售额甚至超过了百万，这可以说是互联网营销的一个奇迹。

"真实素材"的原创内容加上与粉丝的深度互动是张大奕成功的主要秘诀，这样才能给粉丝带来真正的信任感，获得的粉丝黏性也远比"美貌"更靠得住，这是主播和企业需要牢记的关键点。张大奕的淘宝店铺开张不到一年便升级到"四皇冠"，并且是全平台女装排行榜中唯一的个人店铺。

8. 线上线下整合型

互联网营销方式并不局限于线上营销,通过线上向线下的相互延伸和整合,已经成为一种新的潮流,通过线下线上整合直播能促进品牌推广。

例如,著名脱口秀主持人罗振宇,因为主持线上节目《罗辑思维》成为名人。而除了线上的节目,他还积极展开线下的跨年演讲活动,通过每年一次的演讲活动拉近与粉丝的距离。

7.4 6种方式,花式营销

对于企业来说,想要在直播的过程中吸引网友前来观看,前期的宣传是必不可少的。而企业在前期宣传时最关键的一步即为:设计最吸引观众的直播吸引点。那么什么是"直播吸引点"呢?其实很好理解,即在前期的宣传中设计一个能够吸引用户关注的点。这与一个好的标题够吸引读者点击阅读是一样的道理。

根据笔者的经验,总结了6种可以达到直播营销目的的方式,即高颜值、才艺、明星热点、利他思维、饥饿营销以及对比。企业在设计直播计划时,可以根据自身情况以及需求,选择其中一种或几种营销方式。笔者将在本节具体向大家介绍这6种方式。

7.4.1 利用颜值,更加快捷

当要在两款除了外观其他方面的水平都差不多的产品中进行选择时,相信大部分人都会选择外观更为美观的那一个。在直播经济中也是如此,"颜值就是生产力"这一说法已经被越来越多的人认可,且已多次得到验证。

高颜值的主播更容易吸引"路人"观看、关注及打赏,而前来观看直播的粉丝所带来的流量,正是企业所需要的,粉丝越多,曝光量越大。

由此可见,选择高颜值的帅哥和美女对企业进行直播宣传、营销,可以达到事半功倍的效果。

7.4.2 才艺表演,吸引眼球

在直播中进行才艺表演也是很受欢迎的一种形式。不管主播是否有名气,只要有过硬的才艺技能,就能吸引大量粉丝观看,例如舞蹈、脱口秀、器乐等都可以在直播中获取该才艺领域的忠实粉丝。

那么企业应如何利用才艺直播进行营销呢?才艺营销可以围绕其才艺所需要使用到的产品。比如吉他类才艺表演需要使用吉他,那么销售乐器的企业则可以与有这类才艺技能的主播进行合作;再如舞蹈类才艺主播的穿搭通常是很受粉丝关注的,销售运动服的企业则可以与舞蹈类才艺主播进行合作。如图7-9所示为抖音中某舞蹈主播与淘宝商家进行合作,在橱窗中放入了各种舞蹈服的链接。

图 7-9 抖音某舞蹈主播

除此之外,各艺术类培训机构也可以通过才艺直播的方式吸引学员加入。

7.4.3 明星出场,效果更好

明星的一举一动都会受到大众的关注,并且明星粉丝的数量是非常多的,忠诚度也相对更高。由于其影响力比普通主播更大,因此当明星出现在直播中与粉丝互动时,场面会更加火爆,企业营销的效果也会更好。

但企业在选择这一方式进行营销时,应提前做好预算,并选择与企业产品贴合度最高的明星合作。

7.4.4 利他思维,真诚营销

什么是利他行为?用简单的话来说,利他行为就是一种为他人着想的行为。在直播中,企业如果运用好这种思维,会在很大程度上获得用户的好感度。

那么具体应该怎么做呢?在直播中,常见的利他行为为知识分享与传播。比如向用户分享生活技能、动手能力、各种产品的使用方法等。

这种营销方式可以用于美妆类和穿搭类的产品,在为用户推荐产品的同时,不仅增加了产品的曝光度,还让粉丝学会了适合自己的穿搭技巧和化妆技巧。如图 7-10 所示,淘宝直播中某美妆主播就是利用"免费教化妆技巧"这一利他行为吸引用户前来观看直播。

图 7-10 淘宝美妆利他行为直播

7.4.5 饥饿营销,物以稀为贵

相信大部分读者都对"饥饿营销"这个词语有所耳闻。比如各种限量发售的名牌球鞋、限定大牌口红,一经发售往往会出现"秒空"的盛况。这种适用于品牌销售的营销方式,在直播营销中同样可以利用。

我们常常能看到一些主播在快手、抖音以及淘宝等平台运用这种方式进行直播,但在实际的操作过程中,并不是每一位主播都能达到理想的效果。本节笔者将从 3 个方面,由浅入深地向大家详细介绍使用饥饿营销的相关方法和技巧。

1. 制造稀缺感

饥饿营销的第一步就是利用人的稀缺心理制造稀缺感。往往机会越难得、价值越高的产品,吸引力就更大。

那么在直播营销中,主播们应该怎么做,才能体现出这种稀缺感呢?下面笔者做出一种假设:

当一件商品的库存为 500 件,观看直播的人数为 1000 人时,A 主播宣布秒杀时间为 10 分钟,并告诉粉丝库存为 500 件;B 主播同样给粉丝 10 分钟时间进行秒杀,但告诉粉丝只有 100 件库存。

在相同的时间里,试问哪位主播的营销效果会更好呢?肯定是 B 主播。因为当产品进行限量供应之后,可以提高消费者对产品的价值感知,有一种"买到就是赚到"的感觉。

这是比较常见,同时也是大部分人都了解的一种饥饿营销方法。

2. 先充足再稀缺

当制造稀缺感之后,并没有结束。因为我们作为电商,在营销时应该知道,当产品由充足变得稀缺的时候,会让消费者产生一种一直稀缺的状态,此时的反应会更积极。在此笔者依旧做一个假设:

当一件商品的库存为 500 件，观看直播的人数为 1000 人时，A 主播宣布秒杀时间为 10 分钟，并告诉粉丝只有 100 件库存，那么在这种情况下，粉丝的状态是一直都很紧张的。

而 B 主播先告诉产品的库存为 500 件，当放上购买链接之后，突然告诉粉丝，库存只剩下不到 100 件了。此时，还在犹豫和观望的粉丝的购买欲就会马上被激发出来，迅速做出购买决策。

由此可见，和一直稀缺的产品相比，先充足再稀缺的产品会更具有吸引力。因为这种营销方式会使产品价值变得更高。

3. 由争夺引起的稀缺

除了以上两种营销方式之外，还有第三种制造稀缺感的方式，即由争夺引起的稀缺感，具体操作方法如下。

同样假设一件商品的库存为 500 件，观看直播的人数为 1000 人。A 主播将产品上架一分钟后迅速下架，此时会有粉丝反馈"没抢到""卖完了"。此时主播在直播间与商家沟通，商家一开始会拒绝加量，主播再三争取之后，商家将商品重新上架销售。

B 主播与 A 主播进行一样的操作，开卖一分钟之后下架商品，随后告知粉丝产品已经售空，没抢到的评论"1"，然后再将产品重新上架。

在上述两种情况中，很明显主播 A 的营销方式效果会更好。因为在限量销售的背后，主播还营造了一种"这个价格来之不易，过了这个村就没这个店"的感觉。使得粉丝在争夺中抢到商品，达到了很好的营销效果。如果在一场营销中，只有限量，却没有设计出粉丝互相争抢的氛围，其营销效果往往不会太好。这便是饥饿营销的最后一步，同时也是饥饿营销的真正含义。

饥饿营销这种方式往往会受到消费者的追捧，利用稀有内容还可以提升直播间的人气，无论是对主播还是企业，都能增加曝光的机会。

当然，不管用哪种营销方式，产品的性价比是第一位的。以上 3 种饥饿营销方式因情况的不同，营销的效果也会不同。主播与企业在使用饥饿营销时需根据自己的实际情况灵活运用，找到最适合自己直播间的方式，不能生搬硬套。

7.4.6 通过对比，优劣分明

"没有对比就没有伤害"，买家在购买商品时都喜欢"货比三家"，最后选择性价比更高的商品。

但是很多时候，消费者会因为不够专业而无法辨认产品的优劣。这时候主播在直播中则需要通过与竞品进行对比，以专业的角度，向买家展示差异化，以增强产品的说服力以及优势。

比如"口红一哥"李佳琦在直播间试色爱马仕口红时，由于其色号不适合亚洲人的肤色，李佳琦在直播间的表情也"逐渐凝固"。如图7-11所示为李佳琦在试色爱马仕口红和迪奥口红时不一样的评价。

图7-11 李佳琦口红试色截图

正是因为有对比才有优劣之分，李佳琦在直播中，对不一样的产品有着专业的比较和评价，才会让粉丝更加信赖他所推荐的产品。

再如王自如ZEALER在测评手机时，经常会用苹果手机作为参照标杆，来评测手机性能。

无论是企业进行营销，还是主播在直播间卖货，都可以灵活运用对比这一营销方式，一定会获得意想不到的收获。

以上即为笔者总结的6大营销方式，希望对大家有所帮助。

7.5 模式探索，推动营销

要想实现直播营销的目的，还需要探索各种新鲜实用的模式。没有模式的创新，就无法达到更加好的营销效果。本节将向大家介绍几种有效的营销模式。

7.5.1 美女主播，视觉享受

说起直播的盈利，最初是从秀场直播中获取的。这种视觉享受的经济变现模式中，最重要的就是主播。

主播的素质和特长基本上决定了营销的成功与否，而秀场直播平台的主要收入则包括3个方面，即：

（1）用户购买虚拟礼物的钱；

（2）用户虚拟身份等级划分制度；

（3）用户在平台开爵位、开守护。

虽然秀场直播的营销模式比较简单，操作起来也很容易，但它的地位始终都是比较稳固的，只是需要更多的探索和发现，来不断改造和发展它。

7.5.2 "直播＋教育"，如火如荼

"直播＋教育"的模式发展得如火如荼，而各大教育机构也在不断探索更加精细的教育直播模式，推动营销的实现。

比如学而思网校就大力开拓直播教育新模式，将传统的"双师课堂"发展为"双师直播课"，即"直播＋录播＋辅导老师"的模式，如图7-12所示。

这种模式可以为学生提供优质而精良的教育资源，而且还能解决学生与老师双向互动的问题，可以说是教育直播的一个重大突破。

图7-12 学而思的"双师直播课"

对于直播营销而言，教育直播的潜力很大，如此便捷的教育资源发布，也会促进营销的发展。以下笔者将向大家具体介绍"直播＋教育"的相关内容。

1. 优势

利用"直播＋教育"的方式，主要有3大优势，笔者总结如下。

1）从传统教育来看

"直播＋教育"模式打破了传统教育所具有的个别地区优势局限，将一二线城市优质的教师资源共享到三四线城市，弥补教育资源的失衡，为三四线城市孩子的教育问题提供了解决方案。

其次，在线教育的普及，"直播 + 教育"的模式也为后进生成绩的提升提供了资源，进而满足后进生冲刺学习的需求。如图 7-13 所示，为学而思官网首页截图。后进生可以根据自己的情况，查漏补缺，报名学习对应的直播课。

图 7-13　学而思官网首页

2）从社会群体来看

"直播 + 教育"的模式让用户利用碎片化的时间即可享受到知识的分享，所谓活到老学到老，"直播 + 教育"让用户在主播生动有趣的诠释中轻松愉快地学习，让因为忙碌而没有时间阅读却渴望学习的人的需求得到了满足。

3）从个人价值来看

教育直播可以让个人的才能得到提升和增值，通过平台，教育可以传递给成千上万个用户。那么该如何做好知识分享呢？

教育直播不同于传播课程，因为平台上有众多的直播，想要从中脱颖而出得到更多流量，必须有其特性或吸引性。教育直播的类型很多，并不局限于学校的教程、琴棋书画，也可以是生活中的常识、服装搭配和运动健身等技能。

2. 方法

了解其优势后，具体应该怎么做呢？以下笔者将详细介绍。

首先，在内容的安排上，要具有其趣味性。例如科普类知识，在许多人眼里，科学、数学、物理是枯燥乏味的。在此类直播中，主播就需要把科学的知识趣味化、通俗化，可以将知识与历史学、哲学、社会学或其他学科结合起来，也可以提出一些趣味性问题与用户互动，引发用户自主思考，调动用户积极性。

其次，找准直播的接受群体，根据群体的特性制定内容。例如幼儿教育，需要大量趣味性的图片和夸张的肢体语言，生动活泼的形象更能吸引幼儿的目光，也更易被幼儿所接纳。为了推行"直播 + 教育"模式，B 站还设置了学习区，如

图 7-14 所示。

图 7-14　B 站学习区

在线教育的发展大致经历了 3 个时期：首先是传统网校音频 +Flash 课件的 1.0 时代，例如 101 网校。接着进入了 O2O 大潮的视频录播 2.0 时代，最后到如今全民直播的 3.0 时代，具体如图 7-15 所示。

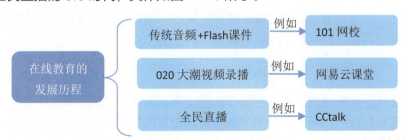

图 7-15　在线教育发展历程

直播教育利用直播平台的弹幕形式解决了学生与老师之间的互动问题，增强了课程的交互性，弥补了传统教育师生之间割裂的缺陷，同时直播课程所带有的回放功能，可以让学生针对不懂的知识点进行反复回顾。

7.5.3　"素人直播"，快速登顶

"素人直播"的意思就是普通人的直播。与明星、网红、名人不同，"素人"是未经任何修饰的、纯天然的、和你我一样的普通民众。而"素人直播"的兴起主要得力于映客直播。作为一款致力于让人人都能直播的社交软件，映客将"素

人直播"推向了发展的顶端。如图 7-16 所示为映客直播首页。

图 7-16　映客直播首页

"素人直播"的内容多以日常生活为主，如吃饭、上班、养花、逗狗等，这样的直播方式虽然看似单调无趣，但实际上为打破很多直播用户的孤单提供了很好的媒介。这样的直播门槛低，并且能引起很多普通人的情感共鸣，从而推动营销的实现。

当然，直播平台也要对"素人直播"实行严格的监管，以避免出现违反规章制度的直播内容，影响整个网络环境。

7.5.4　从娱乐化，到专业化

直播从泛娱乐模式到垂直领域模式的发展，展示了直播从娱乐化到专业化的进阶。随着直播的不断发展，用户也渐渐对直播内容提高了要求，越来越偏向于专业化的直播。

垂直领域直播对专业知识有着更高的要求，对用户的纯度要求也很严，这刚好契合了用户的需求。而垂直领域之所以迈进直播平台，其原因有 3 点，即：

（1）直播的娱乐性；

（2）直播的视觉直观性；

（3）直播的即时互动性。

同时，对于垂直领域来说，网络直播与垂直领域的结合有利于垂直领域突破瓶颈，找到新的发展机遇；对于网络直播来说，垂直领域的专业性提高了这一领域直播的门槛，减少了竞争。

这二者的合作对营销相当有利，同时还能为营销找到新出路。

第 8 章

盈利变现,才是关键

学前提示

对于直播营销而言,其最终目的就在于获利,这也是进行和发展直播营销的关键。那么,直播这一内容呈现形式要怎样才能实现变现并盈利呢?本章将具体介绍视频直播营销的盈利变现实现方式和过程。

要点展示

- 变现策略,逐个击破
- 直播变现,6 种模式
- 流量变现,用户最大
- 流量+内容,新的开始
- 直播 IP,导流变现
- 受众现场,进行订购
- 长久变现,11 种方法

8.1 变现策略，逐个击破

所有的直播营销，最终的目的都只有一个：变现。变现即利用各种方法，吸引用户流量，让用户购买产品、参与直播活动，让流量变为销量，从而获得盈利。本节将向大家介绍几种变现的策略，以供参考。

8.1.1 展现优势，细节至上

直播与其他营销方式最大的不同，就是直播能够更加直观地让用户看到产品的优劣，从而让用户放心，并爽快购买产品。要做到这一点，商家就要在镜头前充分展现出产品的优势，具体应该怎么做呢？笔者将其总结为以下3点：

（1）近景远景都要展示；
（2）呈现产品细节；
（3）根据用户请求展示产品。

例如，有一家销售服装的店铺，在直播中，为了让用户看得更加清楚，主播将衣服放在镜头前给粉丝看细节，以便用户买得放心，如图8-1所示。只要轻轻点击直播下方显示的产品图，就可以加入购物车直接购买，如图8-2所示。

图8-1 主播展示产品的直播　　图8-2 单击直播产品进入购买页面

这个主播就做到了展示产品的3点要求，因此得到了很多用户的信任和喜爱，从而也使得流量得到了高效变现。

8.1.2 专注产品，心不二用

一个直播只做一种产品，这听起来会不利于产品的促销，但实际上为了让用户更加关注你的产品，专注于一种产品才是最可靠的。而且这种方法对于那些没有过多直播经验的企业来说更为实用。

因为直播跟学习一样，不能囫囵吞枣，一口吃不成一个胖子。一般来说，企业的一场直播专注于一种产品，成功的概率会更大。当然，在打造专属产品时，企业应该尤其注意两个要点，即：

（1）提前规划出爆款产品；

（2）借助事件或者热点推广产品。

通过这两种方法，企业的产品就会进入用户的视野范围，给用户留下深刻的印象，从而为产品的销售打下良好的基础。

例如，2020年，H&M服装品牌与淘宝平台合作，打造了一场直播。该直播趁着H&M开业两周年的势头，将主题定为"2周年店庆"。如图8-3所示为H&M在微博中对直播的宣传。

图8-3 H&M微博对直播的宣传

8.1.3 福利吸睛，给大惊喜

想让用户在观看直播时快速下单，运用送福利的方式能起到很好的效果。因为这很好地抓住了用户偏好优惠福利的心理，从而能够"诱导"用户购买产品。

例如，有一个叫卡卡米童装的店家，进行了一场标题为"年中福利,清仓秒杀"

的直播。用户从标题就可以知道这家店铺在做活动,于是产生了观看直播的想法。

在直播中,主播为了最大限度地吸引用户购买产品,发出各种福利,比如打折、送福袋、秒杀等。如图 8-4 所示,为主播在展示衣服的质地、样式。用户如果觉得合适,就可以在直播页面的下方点击"加入购物车"按钮,把商品加入购物车中,如图 8-5 所示。

图 8-4 "年中福利,清仓秒杀"直播

图 8-5 直播中的秒杀产品

在直播中,主播以"福利"为主题,使出了浑身解数进行促销。首先是全面为用户介绍产品的优势;其次是在背景墙上注明"清仓""秒杀"等关键字,引起用户的注意;最后是直接在直播中送秒杀福袋的福利。通过这些努力,观看直播的用户越来越多,流量也不断转化为销量。

当然,给用户送福利的方法除了能在清仓的时候使用,在新品上架的时候同样也适用。而且这种送福利的方式能更大程度调动用户购物的积极性,上新时的优惠谁会舍得错过呢?

一般的企业、商家在上新时都会大力宣传产品,同时用户往往也会对新品充满无限期待,但由于价格高昂,让很多用户望而却步。所以,如果在新品上架时给用户送福利,更能吸引其毫不犹豫地下单。

例如,淘宝直播中有一个卖大码女装的主播,为了推销新款产品,进行了一次主题为"新款限时福利"的直播,如图 8-6 所示。

所有产品只有在直播的时候享受折扣,这引起了众多用户的围观。主播还在直播中耐心展示产品的细节,如图 8-7 所示。

图 8-6　新款产品特价直播　　　　图 8-7　主播展示产品细节

这样一个新款秒杀直播在短短的时间内就吸引了三万多用户的观看，获得了很大的流量，产品销量也是不断上升，可见效果之惊人。

此外，在直播中给观看的用户发送优惠券也会吸引用户。人们往往都会对优惠的东西失去抵抗力，像平时人们总愿意在超市打折、促销的时候购物一样，用户在网上购物也想获得一些优惠。

送优惠券的方式分为 3 种，如下所示：
- 通过直播链接发放优惠券。
- 在直播中发送优惠券。
- 在直播中抽奖送礼物。

8.1.4　物美价廉，买个优惠

在直播中体现物美价廉是吸引用户关注并下单的又一个技巧。比如，主播在直播时反复说"性价比高，包您满意"等语句。

有很多人觉得这样吆喝太过直接，但用户其实需要主播向他们传达这样的信息，因为大部分消费者都持有物美价廉的消费观。

例如，有一位试图推销 VR 眼镜的淘宝店主在斗鱼直播进行直播时，就利用几个技巧吸引了上万用户的关注，一时间这家店铺的热度噌噌地上升，产品也由此得以大卖。那么，这位淘宝店主究竟是怎么做的呢？笔者将其营销流程总结为 3 个步骤，具体如图 8-8 所示。

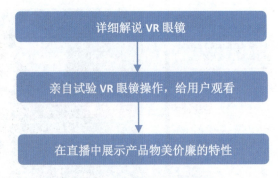

图 8-8　VR 眼镜的直播流程

同时，在直播中，主播还给用户送上了特别优惠，给"物美价廉"又增添了几分魅力，不断吸引用户前去淘宝下单。这款产品也成了该主播的最热爆款。

8.1.5　设置悬念，积累人气

"制造悬念，吸引人气"是很多商家一直都在使用的方法，而这对直播变现也同样适用。比如在直播中与用户互动挑战，激发用户的参与热情，同时也使得用户对挑战充满期待和好奇。

此外，设置直播标题和内容的双料悬念也是网罗人气的一大绝佳方法。有些直播标题虽然充满悬念，但直播内容却索然无味，这就是人们常说的"标题党"。那么，要如何设置直播标题悬念呢？笔者将其总结为 3 种方法，即：

（1）解密式；

（2）日常悬念；

（3）事件性悬念。

至于制造直播内容悬念方面，就要根据企业自己的实际情况进行直播，一定要考虑到产品的特色以及主播的实力等因素，不能夸大其词。

8.1.6　多种对比，立显优劣

直播变现的技巧除了围绕产品本身一展身手，还有一种高效的方法，即在直播中加入对比。

对比使得用户更加信任你的产品，同时也可以带动气氛，激发用户购买的欲望。当然，在直播中进行产品的对比还需要掌握一些小诀窍，笔者将其总结为 4 点，即：

（1）在直播中立体展示产品对比；

（2）亲自做试验对比；

（3）自家产品与仿制产品对比；

（4）主播亲自试穿、试用产品。

在这些诀窍中，尤其是主播亲自试穿、试用产品这一点能引起用户的共鸣，获得用户的信赖。比如，淘宝直播中有一个专门卖包包的店家，在直播中不断展示包包的材质、特点、款式，与仿制品相对比。不仅如此，就连拉链、包包里面的小口袋也都一一为用户呈现，如图8-9所示。

图8-9　淘宝包包店家在直播中亲自对比产品

由此可以看出，在直播中加入对比的方法确实能吸引用户的关注，而且还能为直播增加一些乐趣。

当然，主播在将自家产品与其他产品进行对比时，也要注意文明使用语言词汇，不能以恶劣、粗俗不堪的语言过度贬低、诋毁其他产品。只有这样，用户才会真正喜欢你的直播，信赖你的产品。

8.2　直播变现，6种模式

本节总结了直播变现的6种常见形式，比如卖会员，让用户享受特殊服务，直播间的打赏，让用户为主播的表现给出奖励。此外，还有版权销售、道具、付费观看等变现方式。以下笔者将详细介绍。

8.2.1　出售会员，服务变现

会员是内容变现的一种主要方法，不仅在直播行业比较风行，在其他行业也早已经发展得如火如荼，特别是各大视频平台的会员制，比如YY、腾讯、优酷、爱奇艺等。如今很多视频平台也涉足了直播，于是他们将会员这一模式植入了直播之中，以此变现。

直播平台实行会员模式与视频平台实行会员模式有许多相似之处，其共同目的都是营利。那么会员模式的价值到底体现在哪些方面呢？分析如下。

（1）平台可以直接获得收益。

（2）直播平台的推广部分依靠会员的力量。

（3）通过会员模式可以更加了解用户的偏好，从而制定相应的营销策略。

（4）会员模式可以使用户更加热衷直播平台，并养成定期观看直播的习惯。

平台采用会员制的原因在于主播获得打赏的资金所占比例较高，一定程度削弱了平台自身的利益，而会员模式无须与主播分成，所以盈利更为直接、高效。

8.2.2 粉丝打赏，卸下戒备

打赏这种变现模式是最原始也是最主要的，现在很多直播平台的盈利大多数还是依靠打赏。

所谓打赏，就是指观看直播的用户通过金钱或者虚拟货币来表达自己对主播或者直播内容的喜爱的一种方式。

这是一种新兴的鼓励付费的模式，用户可以自己决定要不要打赏。如图 8-10 所示为抖音直播打赏页面。图 8-11 所示为快手直播打赏页面。

图 8-10　抖音直播打赏页面

图 8-11　快手直播打赏页面

打赏已经成为直播平台和主播的主要收入来源，与微博、微信文章的打赏相比，视频直播中的打赏来得更快，用户也比较冲动。

打赏与卖会员、VIP等强制性付费模式相比，它是一种截然相反的主动性付费模式。当然，在直播中想要获得更多的粉丝付费鼓励，除了需要提供优质的直播节目内容外，也是需要一定技巧的。

给文章打赏，是因为文字引起了用户的情感共鸣；而给主播打赏，有可能只是因为主播讲的一句话，或者主播的一个表情、一个搞笑的行为。相比较而言，视频直播的打赏缺乏一丝理性。同时，这种打赏很大程度上也引导着直播平台和主播的内容发展方向。

粉丝付费鼓励与广告、电商等变现方式相比，其用户体验更好，但收益无法控制，不过对于直播界的超级网红来说，这些方式获得的收益通常不会太低，而且可以短时间创造大量的收益。

8.2.3 付费观看，内容变现

在直播领域，除了打赏、受众现场订购等与直播内容和产品有着间接关系的盈利变现外，另外还有一种与直播内容有着直接关系的盈利变现模式，那就是优质内容付费模式——粉丝交付一定的费用再观看直播。

当然，这种盈利模式首先应该基于3个基本条件：

（1）有一定数量的粉丝；

（2）粉丝的忠诚度较强；

（3）有着优质直播内容。

在具备上述条件的情况下，直播平台和主播就可以尝试进行优质内容付费的盈利变现模式，它主要出现在有着自身公众号的直播内容中，它是基于微信公众号文章的付费阅读模式发展而来的。

关于优质内容付费的盈利模式，在尽可能吸引受众注意的前提下，该模式主要可以分为3类，具体如下。

1）先免费，后付费

如果主播有着优质的内容，但平台直播业务的开展还处于初创期，因此需要先让受众了解平台和主播，那么这就需要让受众通过免费的方式来关注直播和主播内容，从而构建起用户关注的兴趣，然后再推出付费的直播内容。

2）限时免费

直播平台和主播除了提供初创期免费的直播课程外，有时还会提供另一种免费方式——限时免费。它一般是直播平台设置免费的方式和时间，意在说明该直播课程不是一直免费的，有时会以付费的方式出现，提醒受众注意关注直播节目和主播。

3）折扣付费

为了吸引受众关注，直播平台与日常商品一样，采取了打折的方式。它能让受众感受直播节目或课程原价与折扣价之间的差异，当原价设置得比较高时，受众一般会产生一种"这个直播节目的内容应该值得一看"的心理，然而又会因为它的"高价"而退却。假如此时打折，就提供给了那些想关注直播的受众一个观看的契机——"以低价就能看到有价值的直播，真值！"

当然，直播如果想把付费观看这种变现模式发展壮大，其基本前提就是要保证直播内容的质量，这才是直播内容变现最重要的因素。

8.2.4 版权销售，优质变现

版权销售这一内容变现模式也大多应用于视频网站、音频平台等领域，对于直播而言，主要就在于各大直播平台在精心制作直播内容时引进的各种优质资源，比如电视节目的版权、游戏的版权等，而版权提供方则可以获得版权收入。

作为直播行业中势头发展一直比较稳健的游戏直播来说，各大赛事直播的版权都是十分宝贵的，不亚于体育赛事的直播。

因为只要拿到了版权，就可以吸引无数的粉丝前来观看直播，而且赛事的持续时间较长，可以为直播平台带来巨大的收益。

8.2.5 企业宣传，技术支持

企业宣传主要是指直播平台推广有针对性的行业解决方案，为有推广需求的企业提供付费技术支持。

直播平台可以提供专业的拍摄设备和摄像团队，帮助企业拍摄会议宣传、品牌推广、产品推广、活动宣传等直播服务，同时提供每场直播影像的数据分析服务，满足企业客户的更多需求。

例如，云犀拍摄就是一个为客户提供一站式拍摄、直播及短视频制作的服务商，致力于为企事业单位提供高质量的实时影像服务，其合作流程如图8-12所示。

图8-12 云犀拍摄的企业合作流程

8.2.6 游戏道具，引人心动

对于游戏直播而言，道具是一种比较常见的盈利模式。与视频平台相比，游戏用户更愿意付费，因为游戏直播的玩家和用户群体的消费模式类似，观看的时候免费，但如果要使用道具就需要收费。

相较于其他直播而言，游戏道具盈利模式明显存在不同之处，那就是直播节目内容是免费的，但是当受众要参与其中成为游戏玩家而使用道具时，那就需要进行购买了。当然，这也是游戏直播最大的盈利变现途径。

直播可以激发游戏玩家购买道具，因为道具收费本来就是游戏中传统的收费模式，但如今通过直播的方式直接给用户呈现出使用了道具后再玩游戏的效果，就会给用户带来一种更直观的感受，让他更愿意去购买道具，而不是像以前那样担心道具是否值得购买。

8.3 流量变现，用户最大

流量变现主要是依靠用户的力量。流量变现是直播变现中最基础的一种模式，同时也最为常用，但远远不能满足企业盈利的需求。本节将主要介绍流量变现的含义和具体方法。

8.3.1 变现含义，积累力量

流量变现，简单来说，就是积累用户流量来争取广告投放。比如，许多网红直播时会在直播页面放置广告的链接，各大直播平台也会利用各种方式在内容中植入广告，以引起广大用户的注意。

8.3.2 魅力+粉丝，人气来源

一般而言，网红和明星是最符合"个人魅力+粉丝"变现模式的。因为他们往往自身就带有强大的人气效应，走到哪里都会吸引大量的流量。

当然，他们吸引流量不仅仅因为他们是名人，还取决于他们拥有的个人魅力。笔者将他们吸引粉丝的原因大致做了总结，如下：

（1）有才华；

（2）有修养；

（3）关爱粉丝。

当网红和明星做起了直播，那流量自然是"滔滔不绝"。虽然这样说有些夸张，但他们的影响力确实惊人。当然，也有因为直播而吸引众多用户关注的。

举个例子，斗鱼直播上有个人气很旺的游戏主播"芜湖大司马"，他没有别的特殊才能，但在做游戏直播时很用心，直播之前用心准备，而且还形成了自己

幽默的解说风格。由于他对电竞事业兢兢业业，终于收获了不少人气，平台上也拥有了 1900 多万粉丝，如图 8-13 所示。

图 8-13　游戏直播的网红"芜湖大司马"

"芜湖大司马"的成功绝不是偶然，流量的变现也是需要个人和平台用心经营的，只有为用户提供优质的直播内容和良好的平台服务，才能长久地获得用户坚定不移的支持和追随。当然，个人魅力的培育需要从多个方面进行，不能一蹴而就，要时刻把握用户的心理。如图 8-14 所示为"芜湖大司马"的斗鱼直播间。

图 8-14　"芜湖大司马"斗鱼直播间

8.3.3　广告资源，完美结合

作为另一种与广告相关的流量变现模式——特殊广告资源的开发，其最常见于电视台。具体做法就是将节目与广告高度融合，无缝链接，借此达到良好的宣传效果。其形式也是多种多样，如冠名广告、特约赞助广告、节目结尾 Logo、鸣谢字幕、演播室广告、节目内容广告、实物赞助等。

这些特殊广告资源的开发形式有效提升了品牌的知名度，并为品牌销量做出了一定的贡献，是一种十分高效的变现方式。

8.3.4 植入广告，润物无声

不管是传统的电视用户，还是视频平台的用户，又或者是直播平台的用户，对于广告都是比较厌恶的。但广告植入又是视频直播平台的主要收入来源之一，作为盈利平台，它不可能丢弃这一模式。那么，视频直播平台所能做的，也只有想出各种方法来尽可能降低用户对广告的抗拒感。比如，可以通过互动的方式植入广告，而不是插入硬性广告。

选择在与观众互动的过程中播放广告有两个好处，一个就是减少用户对广告的厌恶感；另一个就是让不付费的用户也参与到平台的盈利之中来。

近些年来，植入式广告一直踊跃于各大综艺节目、电视剧、电影之中，取得了比传统的硬性广告更好的效果。笔者将植入广告的几大步骤做了大致的总结，一共有 3 点：将产品、品牌等内容融入节目内容中；利用情景再现的方式；让用户在不知不觉中对产品品牌留下印象。

直播平台也学到了这种打广告的方法，从而达到营销的目的，实现流量的变现。

8.4 流量 + 内容，新的开始

"流量 + 内容"的变现模式是如今直播变现中最有潜力的一种，它比较符合经济发展的趋势，同时又为用户提供了服务体验，本节具体介绍这种变现模式的影响及前景。

8.4.1 它的含义，服务"变身"

"流量 + 内容"变现即服务变现，比如游戏直播，用户观看主播打游戏时，游戏无意中就变成了广告对象，这种方法针对性较强，而且是很精准的。

"流量 + 内容"的变现，简单点来说，就是将广告植入到内容之中，做到内容与广告无缝链接，相互融合。

在电商直播中，也是通过"流量 + 内容"的模式进行变现的。网红直播教授用户一些化妆、服装搭配的技巧，然后推荐实用的产品，这样不至于引起用户太大的反感。

8.4.2 它的影响，"挑战 + 希望"

"流量 + 内容"的变现模式为直播的变现开启了一道新的大门，使其向更加专业的方向不断发展进步，这也是直播变现的必然趋势。

当然，这种模式对于各方面要求都很高，对内容、主播、平台三者来说都是一个巨大的挑战。但是这种模式给直播带来的影响将会是不可估量的。

8.4.3 未来展望，不断完善

随着直播变现模式的不断发展，"流量+内容"的变现模式会有更加完善的体系，尤其是"直播+电商"的模式也会发展壮大。笔者对此模式发展的 4 种可能做出了总结，如下：

（1）主播大众化；

（2）直播内容的优胜劣汰；

（3）电商的普遍级运营手段；

（4）直播电商平台化。

8.4.4 多种玩法，目的变现

这种模式的玩法很多，但在使用之前，必须明确两个问题：一是直播内容，二是变现才是本质。笔者将玩法总结为以下几种，如图 8-15 所示。

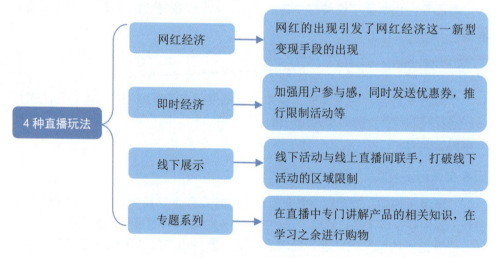

图 8-15　4 种直播玩法

其中，网红经济指的是以高颜值的时尚达人为代表，以红人的品位和眼光作为主导，在社交媒体上聚集粉丝人气，然后依靠粉丝群体进行定向营销，从而将粉丝转化为购买力的过程。

8.5　直播 IP，导流变现

在直播领域中，很多都是与电商业务联系在一起的，特别是一些直播 IP，他们在布局电商业务的同时又利用其本身的强大号召力和粉丝基础，以直播的内容形式吸引流量，进行导流和电商变现。

例如，淘宝直播就是一个以网红内容为主的社交电商平台，为明星模特红人等直播人物 IP 提供更快捷的内容变现方式。淘宝直播的流量入口被放置在手机淘宝的主页下方，如图 8-16 所示。

点击淘宝直播栏目进入后，即可看到很多淘宝直播的主播发布的图文内容，而且这些内容大部分都是主播们原创的，图片也是通过亲身体验后拍摄的。

在淘宝直播中，有很多淘宝直播主播的真实身份其实是美妆达人、时尚博主、签约模特等。如图 8-17 所示，为淘宝直播中的达人直播。

图 8-16　淘宝直播流量入口

图 8-17　淘宝直播中的淘宝达人示例

另外，其他直播平台上同样存在利用主播的高人气引导受众进入线上店铺进行购买的盈利变现模式，且这种引流是跨领域的，甚至出现了游戏主播对日常礼品进行导流的情况，如图 8-18 所示。

对于互联网创业者或者企业来说，其实并没有必要亲自去验证这些淘宝主播 IP，如果有合适的产品也可以联系淘宝主播 IP 来协助宣传，让他们来为店铺引流。

当然，对于那些没有开店只是帮助商家推荐商品的淘宝主播 IP 而言，也可以从商家处获得佣金收入。

在这种互联网电商模式下，直播主播 IP 充当了流量入口，为商家或自己的店铺提供推广渠道。这种用互联网思维卖货的主播 IP 电商导流模式，可以更加精准地把握客户需求，流量成本更低，转化率更高，具有更多的变现优势，如图 8-19 所示。

从零开始学直播营销与运营

图 8-18 知名主播电商导流

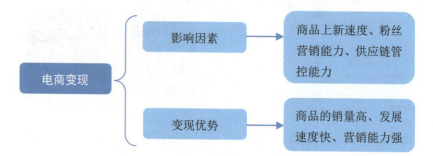

图 8-19 电商变现的影响因素与优势

8.6 受众现场，进行订购

前文提及的粉丝付费鼓励的盈利变现模式，主要还是出现在一些才艺、亲身经历和干货内容的直播中，当受众观看到精彩之处时就会进行打赏。

而对于一些有自己产品的企业和商家来说，其直播所产生的盈利变现主要还是集中于其产品的销售方面，为直播吸引足够的流量，最后让流量转化为实际销量，这样的盈利变现模式就是受众现场订购模式。如图 8-20 所示，为聚美优品产品直播营销的现场订购接口。

受众现场订购模式带给主播和企业、商家的是实际的现金流，而想要获得现金流就需要让受众下单购买产品。因此，在进行直播时，运营者有必要在直播中从以下两方面出发设置吸睛点吸引用户下单。

图 8-20 聚美优品产品直播营销的现场订购接口

（1）一方面，在标题上设置吸睛点，如加入一些直播节目中产品所能带给你改变的词汇，如"早秋这样穿减龄 10 岁"，其中"减龄 10 岁"明显就是一个吸睛点；或是在标题中展现产品的差异点和新奇点，如"不加一滴水的面包"。

采用上面的方法设置直播节目标题，可以在更大程度上吸引更多受众的关注，而有了受众也就有了更多的流量，此时只要直播推广的产品品质优良，那么离受众现场下单订购也就不远了。

（2）另一方面，可以在直播过程中设置吸睛点。而这一方法同样可以通过两种途径来实现，一是尽可能地展现优质直播内容的重点和中心点或产品的优异之处，让受众在观看的过程中受到启发，从而现场下单订购。如在淘宝直播上，当服饰、美妆产品的实际效果展现出来的时候，其完美的形象和效果就会促使很多人下单，甚至可能产生一分钟之内多数人下单的情况，如图 8-21 所示。

二是当直播进行了一段时间后，间断性地发放优惠券或进行优惠折扣，这样可以促使还在犹豫的受众下单，如图 8-22 所示。值得注意的是，发放优惠券和进行优惠折扣是有时间选择的，如果在直播开始时，还没有让受众看到实际的产品效果和优质内容，那么受众是不会下单订购的。因此，进行优惠折扣最好选择在直播中间时段或快要结束直播的时段，此时产品展示的效果加上时间的紧迫感，会让那些还在犹豫的受众迅速下单。

以上即为现场订购的方式，主播合理运用，能够获得意想不到的收获。

图 8-21 服饰直播节目效果展示的现场下单订购

图 8-22 直播过程中发放优惠券促使受众现场下单订购

8.7 长久变现，11 种方法

所有的直播营销，最终的目的都只有一个——变现。即利用各种方法，吸引用户流量，让用户购买产品、参与直播活动，让流量变为销量，从而获得盈利。本节将向大家介绍几种直播变现的策略，以供参考。

8.7.1 网红变现，高效盈利

网红变现是一种基于网红为核心的相关产业链，延伸出来的一系列商业活动，其商业本质还是粉丝变现，即依靠粉丝的支持来获得各种收益。

网红变现模式适合有颜值、有极具辨识度的人设、有专业的策划团队、有精准的粉丝群体的网红大咖。网红变现模式的方法主要有以下3种。

1）卖个人的影响力

通过网红的影响力来接广告、做品牌代言人，或做产品的代购等方式进行变现。

2）建立网红孵化公司

大网红可以创建自己的公司或团队，通过培养新人主播，为他们提供完备的供应链和定制产品，孵化出更多的小网红，从而共同增强自身的变现能力。

3）打造个人品牌

网红通过建立自己的品牌，让自身影响力为品牌赋能，产生品牌效应，促进品牌产品或服务的销售。

8.7.2 现场订购，流量转化

对于一些有着自己产品的企业和商家来说，其直播所产生的盈利变现主要还是集中于产品的销售方面，为直播吸引足够的流量，最后让流量转化为实际销量，这样的盈利变现模式就是受众现场订购模式。

现场订购模式适合有店铺、产品的商家，可以让自己变成主播，或者招募专业直播，以及跟网红主播进行合作等方式，通过直播卖货增加产品销量。

受众现场订购模式带给主播和企业、商家的是实际的现金流，而想要获得现金流就需要让受众下单购买产品。因此，在进行直播时，运营者有必要在直播中从以下两方面出发设置吸睛点吸引用户下单。

1）在标题上设置吸睛点

如加入一些直播节目中产品所能带给你改变的词汇。例如，"早秋这样穿减龄10岁"，其中"减龄10岁"明显就是一个吸睛点；或是在标题中展现产品的差异点和新奇点，如"不加一滴水的面包"。

采用这种方法设置直播节目标题，可以在更大程度上吸引更多的受众关注，而有了受众也就有了更多的流量，此时只要直播推广的产品品质优良，那么离受众现场下单订购也就不远了。

2）在直播过程中设置吸睛点

这一方法同样可以通过两种途径来实现：

一是尽可能地展现优质直播内容的重点和中心点或产品的优异之处，让受众在观看的过程中受到启发,从而现场下单订购。如在淘宝直播上,当服饰、美妆产品的实际效果展现出来的时候,其完美的形象和效果就会促使很多人下单,甚至可能产生一分钟之内多数人下单的情况。

二是当直播进行了一段时间后,间断性地发放优惠券或进行优惠折扣,这样可以促使还在犹豫的受众下单。

8.7.3 植入产品,广告变现

在直播领域中,广告是最简单直接的变现方式,主播只需要在自己的平台或内容中植入商家的产品或广告,即可获得一笔不菲的收入。

植入产品或广告变现模式适合拥有众多粉丝的直播节目和主播。

在直播中植入产品或广告的变现模式主要包括以下两类。

1)硬广告

所谓"内容即广告",这是众多视频节目的本质体现。因此,主播可以直接在直播节目中上发布商家的广告,也可以直接转发商家在其他平台上的广告和内容。

2)软植入

商家广告通过直播内容不经意间植入用户心中,为自己的产品做宣传,广告的痕迹很轻。

8.7.4 开展活动,促进消费

在直播平台上,运营方还会针对新用户和会员展开各种各样的活动,并以此来实现盈利变现。

直播活动变现模式适合有活动策划能力且有更多企业合作资源的主播或平台。

其中,针对新用户,一般采用送礼品或一定数额的充值,让用户来获得某一项利益,来吸引受众关注直播。例如,"充值领徽章"的游戏直播营销活动,一方面能实现盈利变现,另一方面能吸引受众进入直播平台,提升与平台的黏度。

而针对会员用户,直播平台一般会不时地推出各种不同的营销活动,促进会员消费和与平台的互动,并充分挖掘其老客户的营销潜力。具体说来,一般包括两类,一是礼包的赠送,二是其他与会员权益相关的新的活动的推出。

8.7.5 MCN 网红,稳定变现

MCN 是 Multi-Channel Network 的缩写。MCN 模式来自于国外成熟的网红运作,是一种多频道网络的产品形态,基于资本的大力支持,生产专业化的内容,以保障变现的稳定性。

MCN 网红变现模式适合各领域的头部、腰部或尾部网红。90% 以上的头

部网红,其背后都有一个强大的 MCN 机构。

用户要想打造 MCN 网红孵化机构,成为"捧起网红的推手",自身还需要具备一定的特质和技能,具体如下:

(1)熟悉直播业务的运营流程和相关事项,包括渠道推广、团队建设、主播培养、市场活动开发等。

(2)熟悉艺人的运营管理,能够制定符合平台风格的艺人成长激励体系。

(3)善于维护直播平台资源,能建立和优化直播人员的运营体系和相关机制。

(4)有团队精神和领导团队的经验,能够面试和招募优质的新艺人,指导他们的职场发展。

(5)熟悉娱乐直播行业,对行业内的各项数据保持敏感,能够及时发现流行、时尚的事物。

(6)熟悉网红公会的运营管理方法,对游戏、娱乐领域的内容有高度的兴趣。

随着新媒体的不断发展,用户对接收的内容的审美标准也有所提升,因此这也要求运营团队不断增强创作的专业性。由此,MCN 模式逐渐成为一种标签化 IP,单纯的个人创作很难形成有力的竞争优势。

加入 MCN 机构是提升直播内容质量的不二选择。原因有两个,一是 MCN 机构可以提供丰富的资源,二是 MCN 机构能够帮助创作者完成一系列的相关工作,比如管理创作的内容、实现内容的变现、个人品牌的打造等。

有了 MCN 机构的存在,创作者就可以更加专注于内容的精打细磨,而不必分心于内容的运营、变现。

MCN 模式的机构化运营对于新媒体平台内容的变现来说是十分有利的,但同时也要注意 MCN 机构的发展趋势,如果不紧跟潮流,就很有可能无法掌握其有利因素,难以实现变现的理想效果。

单一的 IP 可能会受到某些因素的限制,但把多个 IP 聚集在一起就容易产生群聚效应,进而提升变现的效率。

8.7.6 出演网剧,收入不菲

出演网剧变现模式是指主播通过向影视剧、网剧等行业发展,来获得自身口碑和经济效益的双丰收。

出演网剧变现模式适合拥有表演或唱歌等才艺的直播主播,只要主播拥有一定的名气,就有可能获得网剧的邀约。

拍网剧的要求比较高,大部分直播主播需要经过一定的专业培训,增强自己的表演技能。同时,出演网剧这种变现模式还需要运用艺人经纪的方式来进行运作,在提升主播的粉丝数量、忠诚度、活跃度的同时,带来更多的商业价值,具体策略如图 8-23 所示。

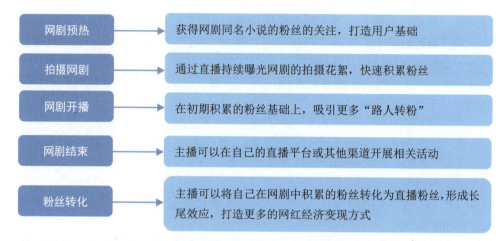

图 8-23 运用艺人经纪的方式来运作网剧

8.7.7 形象代言，有偿助传播

形象代言变现模式是指主播通过有偿帮助企业或品牌传播商业信息，参与各种公关、促销和广告等活动的直播，帮助品牌促成产品的购买行为，并使品牌建立一定的美誉或忠诚度。同时，对于代言人来说，也会赚到巨额的代言费。

形象代言变现模式适合一些明星、商界大腕或者自媒体人等"大 IP"。

形象代言变现模式的收益主要依赖于主播个人的商业价值，包括形象价值、粉丝价值、内容价值、传播价值等方面，这也是主播提升收入的关键因素。

互联网上有很多明星商务交易平台，都会对当下热门的明星和网红进行商业价值估算，主播可以将其作为参考目标，从各个方面来努力提升自己，如图 8-24 所示。

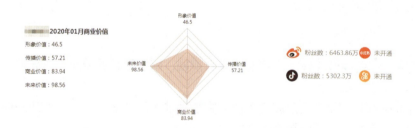

图 8-24 明星和网红的商业价值估算

当"大 IP"主播担任一个企业或品牌的形象代言人后，也需要通过各种途径来维护品牌形象，为其快速扩展市场，以此证明自己的代言价值，而且能使自己得到更好的发展。

8.7.8 商业合作，实现宣传

商业合作模式是指主播采用跨界商业合作的形式来变现，主播通过直播帮助企业或品牌实现宣传目标。

这种变现模式适合自身运营能力强且有一定商业资源或人脉的主播。

对于直播行业来说，进行跨界商业合作是实现商业变现的一条有效途径。对于企业来说，跨界融合可以将主播的粉丝转化为品牌忠实用户，让产品增值；而对于主播来说，在与企业合作的过程中，可以借助他人的力量，扩大自身的影响力。

因此，我们在做个人商业模式的变现时，不需要再单打独斗，而是可以选择一种双赢的思维：跨界合作，强强联手，打开新的变现场景和商业模式。

8.7.9 公会直播，更高提成

在直播行业内部，如今已经形成了一个"平台→公会→主播"的产业链。公会就像是主播的经纪人，能够为其提供宣传、公关、签约谈判等服务，帮助新主播快速提高直播技巧和粉丝人气，同时会在主播收入中进行抽成。

公会适合新主播，或者有特色但缺乏运营能力的主播。

加入公会后，主播通常可以获得如下好处。

（1）主播可以与公会协商礼物提成，提高自己的抽成比例。

（2）每月的收益可以全额结清，部分公会还会提供保底收入。

（3）公会会对主播的直播技能进行培训，并提供直播设备和内容的支持。

（4）公会可以帮助主播在高峰时期开播，抢占更多的流量资源和热门推荐位。

（5）加入公会后，主播可以参与更多的官方活动。

（6）主播可以与公会互享粉丝资源，提升直播间的活跃气氛。

当然，加入公会也有一些弊端，主要是公会会对主播进行抽成，以及在人员管理和直播时间的控制上更加严格，不如个人主播那么自由。

加入直播公会有以下两种方法。

1）与公会签约，做全职主播

好处通常是有保底工资和更高的礼物提成比例。不过，签约后公会会给主播的工作做一些要求，以及安排更多的任务，同时需要遵守直播平台的规则。

2）挂靠直播公会，做兼职主播

这种方式通常没有保底收入，但礼物提成的比例比普通个人主播要高，以及能够享受公会的流量扶持待遇，而且不用接受公会任务，开播时间还是比较自由的。不过，挂靠公会通常公会会收取一定的费用，而且也需要遵守平台的规则。

8.7.10 游戏广告，收广告费

游戏广告变现模式是指主播通过直播某款游戏，或者在直播间放上游戏下载的二维码链接，给粉丝"种草"，给游戏引流，同时获得一定的广告推广收入。

游戏广告变现模式适合各种游戏"技术大神"、颜值高的美女主播以及游戏视频创作者。

在直播间推广游戏时，主播还需要掌握一些推广技巧。

（1）声音有辨识度。

（2）有清晰的叙事能力。

（3）"脑洞"大开策划直播脚本，将游戏角色当成演员。

（4）直播内容可以更垂直细分一些，尽可能去深耕一款游戏。内容越垂直，用户黏性就会越高，引流效果更好，则更容易受到广告主的青睐。

（5）主播需要学会策划聊天话题，与粉丝互动交流，提升粉丝好感与黏度，活跃房间气氛。

最后，主播还要认真安排每天的档期，坚持努力。所有高收入的主播，都是努力的结果。

8.7.11 游戏联运，充值提成

游戏联运是一种游戏联合运营的直播变现模式，即在自己的直播平台上运营游戏，由游戏厂商提供客户端、充值和客服系统等资源，主播提供直播内容和广告位等资源，双方针对某款游戏进行合作运营。由直播主播推广带来的玩家充值收入，按约定的比例进行分成。

游戏联运适合有钻研精神、喜欢研究游戏商业规律的人设型玩家，或者测评解说类直播达人，能够深入评测或者解说某款游戏的玩法和攻略。同时，这种模式还适合有游戏运营经验或者拥有较大流量主播资源的直播机构或公会。

游戏联运和游戏广告的操作方法比较类似，但收入形式的差别比较大。游戏广告通常是一次性收入，对于主播的推广效果有一定的考核。游戏联运相当于主播自己成为游戏厂商的合伙人，可以享受玩家在游戏中的充值提成。

游戏联运是一种"利益共享、风险共担"的合伙人商业模式，能够让合作双方的利益实现最大化，具体优势如下：

（1）将游戏产品精准传递给目标用户，快速获取忠实用户。

（2）降低游戏的推广成本，给游戏做"冷启动"。

（3）合作双方优势互补、互利互惠，达到共赢的目的。

第 9 章

服装直播，3 大技巧

学前提示

服装直播是当前很火爆的一种直播类型。在前面的章节中笔者主要向大家分析了直播的各种运营方法，本章将以服装直播为例，从预告、货源、卖点三大方面向大家具体介绍主播在直播中怎么做才会做得更好。

要点展示

- 直播预告，流量暴增
- 优质货源，连接粉丝
- 挖掘卖点，呈现价值

9.1 直播预告，流量暴增

对于服装类的新主播来说，首先要将准备工作做好。而在直播中，预告不仅是直播准备中的首要步骤，也是最关键的一步，同时还是很多新主播最容易忽视的一步。那么关于直播预告有什么技巧呢？笔者在本节内容中将为大家详细介绍关于流量暴增的技巧，主要分为以下4个，即：

（1）预告时间的设置；
（2）预告封面图；
（3）预告标题；
（4）直播标签。

9.1.1 预告时间，避开竞争

对于新主播来说，最好是避开其他大主播的预告时间和开播时间，因为只有减少竞争对手，才会获得更多流量曝光的机会。具体方式如下。

各大主播设置预告时间通常为整点或半点，比如20:00或20:30，那么新主播则可以将时间设置为20:05或20:35分。这样一来，就可以避开与层级更高的主播的竞争。

除了预告时间之外，开播时间也可以运用这种方法获得更多曝光机会。

9.1.2 预告封面，提高曝光

前文笔者提到过，直播的封面很重要。同样，直播预告的封面也是主播们应该认真研究的。那么具体应该从哪些方面入手呢？

1. 提高点击和展现比例

提高点击和展现的比例，其实就是要提高点击量和展现量，所谓的点击量就是被点击的次数，展现量指的就是一天内被展现了多少次。

举个例子，如果淘宝平台给同一个层级的A主播和B主播各100个展现量，A主播的封面点击量为50次，B主播的点击量为20次。那么A主播的点击展示比为2∶1，B主播的点击展示比为5∶1。

这样一来，在其他条件相当的情况下，A主播的权重就比B主播高了（淘宝权重是淘宝综合排名的一套打分系统，得分越高，权重越高，宝贝排名也就越高。得分的高低决定了权重的高低，权重的高低决定了宝贝排名的高低）。

由于"展现量×点击率=流量；流量×转化率=成交人数；成交人数×客单价=销售额；销售额×毛利润率=毛利润；毛利润−管理成本=净利润"，因此提高点击和展现比是盈利的前提。

那么具体应该如何提高封面图的点击展示比呢？笔者建议主播在直播间中引导粉丝，让粉丝从"精选"页面点击进入直播间。如图9-1所示为淘宝的"精选"页面；图9-2所示为淘宝的"关注"页面。

图9-1 淘宝"精选"页面

图9-2 淘宝"关注"页面

2. 封面图焦点

主播在设计封面图的时候要利用好人的视觉习惯。人的视觉焦点通常在一张图片上横向1/3和竖向1/3的交叉处，也就是左上角。如图9-3所示，为封面图的正确示范，这个封面的焦点就重点展示人物的面部。

图9-3 封面图焦点

3. 封面图更换

如果持续一周使用相同的封面图，那么会被平台认为是无效的低质量内容，但是经常更换封面图又会产生风险。特别是对新主播来说，频繁更换封面图会导致一些新粉丝的流失。

那么应该怎么做才能解决这一问题呢？笔者推荐一个方法，即更换封面图名称。具体方法如下：

在电脑端上传封面图，并命名为 ABCD，使用一周之后，将文件名改为 ABCE，并再次上传。这样一来，淘宝平台就会认为这是一个新的封面图。

除了更换文件名称之外，还可以更改封面图的文件大小、类型等，这些方法都能有效避免被平台定位为无效内容。

9.1.3 预告标题，流行热词

预告的标题不仅是写给用户看的，还会给平台的系统看。写给用户看需要使用一些热词，因为网络热词可以达到吸睛的效果，通过标题引起用户的兴趣，从而可以提高直播间的点击率和转化量。

那么标题和平台的系统又有什么关系呢？电商或者主播可以根据标题中的关键字或关键词进行查询，从而得知其排行。具体步骤如下。

步骤01 登录阿里指数官方网站，进入网站后，单击"同意"按钮，如图 9-4 所示。

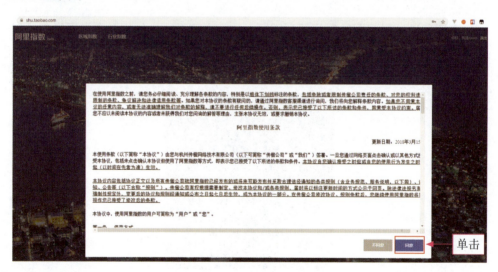

图 9-4 阿里指数官方网站

步骤02 单击"行业指数"按钮，选择查询时间，即可看到搜索榜，如图 9-5 所示；以及涨幅榜截图，如图 9-6 所示。

图 9-5　阿里指数搜索榜

图 9-6　阿里指数涨幅榜

阿里指数可以为品类垂直的主播或商家带来很大的便利，比如连衣裙、裤子、毛呢外套、马夹、大码女装等。

了解了查询标题排名的方法之后，笔者再来总结一下 4 个设计标题的小技巧，如图 9-7 所示。

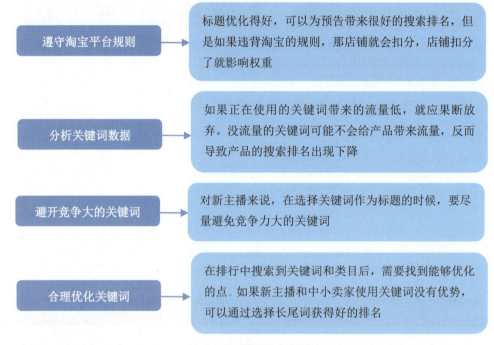

图 9-7　设计标题的技巧

9.1.4　直播标签，获得流量

直播预告中的标签和关键词有着异曲同工之妙，选择适合自己的标签才能吸引更多用户。直播预告中的标签和其他数据共同决定着直播间的流量，每一个标签都有着对应的标签总流量。也就是说，一个同样的标签，其他数据更优的主播，能够分配到的流量就更多。

因此，笔者建议新主播使用小标签，或者通过换标签的方式测试流量。小标签的流量虽然较小，但是竞争也会比大标签小。这种做法和选择预告时间的方式一样，能够有效避开竞争。

9.1.5　预告步骤，方法简单

以上 4 小节是关于直播预告的几个要点，本小节笔者主要向大家介绍直播预告的步骤，具体如下。

步骤 01　打开淘宝主播 App，点击"创建预告"按钮。如图 9-8 所示为淘宝主播 App 首页。

步骤 02　在创建预告页面，填写信息，发布后预告即会进入审核。如图 9-9 所示为创建预告页面。

图 9-8　淘宝主播 App 首页　　图 9-9　创建预告页面

在创建预告中，还有以下几点是主播们需要注意的：

（1）预告的视频最好不要带有水印；

（2）视频的尺寸必须为 16∶9；

（3）视频的画面尽量整洁、突出重点、体现预告产品；

（4）视频中不要添加字幕。

9.2　优质货源，连接粉丝

除了将直播预告做好，对于服装直播来说，还有很重要的一点就是选品。只有选择优质的货源，将品质做好，才能持续连接粉丝。本节笔者将从 7 个方面向大家详细介绍如何选择优质货源。

9.2.1　直播货品，基本分析

在选品之前，我们要对直播货品进行基本分析。截至 2020 年上半年，在线上做了选品规则的栏目主要有以下 5 种：

（1）潮搭攻略：每日穿搭；

（2）美妆心得：彩妆种草机；

（3）全球现场：日本国家馆；

（4）男人装：男鞋搭配论；

（5）亲子乐园：家有萌娃。

在直播间上新商品时，有以下两个要点是新主播需要格外注意的。

（1）直播间分享的商品，必须在店铺内已上架两天以上。举个例子，如果店铺在 4 月 1 日上架了新品，那么这件商品必须在 4 月 3 日才能出现在直播间。

当然，如果主播或商家不想产品发布的当天就上架出售，可以设置定时上架，如图 9-10 所示。

图 9-10　设置商品定时上架页面

（2）并不是所有直播间中的商品都受选品规则的限制，其中，直播间已发布商品总数的 20% 可以不符合商品规则类目。

1. 淘宝直播选品机制

淘宝直播是由很多个直播间组成的，然后若干内容和主题相同的直播间组成了栏目，同一个场景的栏目组成频道。

而淘宝的选品机制会根据栏目的主题要求，对商品进行筛选，只有符合栏目要求的商品才可以展现在直播间的宝贝列表。

例如，讲衣服的栏目，直播间就只能发布衣服，不能发布鞋子、化妆品等其他类别商品。

那么怎么知道宝贝是否符合选品机制呢？很简单，在发布预告中，系统会根据主播或商家投稿的栏目，自动判断发布的商品是否符合。

2. 运行规则

接下来，笔者以"潮搭攻略"频道为例，列举"新栏目""内容定位""目标人群""类目""DSR（卖家服务评级系统，即商家描述、物流服务、卖家服务）"等相关内容，如图 9-11 所示。

再以"男人装"频道为例，从"新栏目""内容定位""目标人群""DSR（卖家服务评级系统）"等相关内容了解运行规则，如图 9-12 所示。

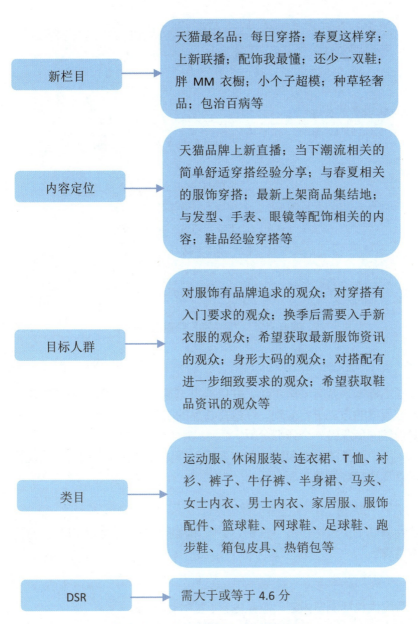

图 9-11 "潮搭攻略"频道相关内容

值得新主播注意的是，不管是在直播预告中，还是正在直播中，只要宝贝不符合栏目选品规则，就会发布失败。

如果是正在直播中的宝贝在之前发布预告时已经上线，虽然不符合，但在该场直播间不受影响。

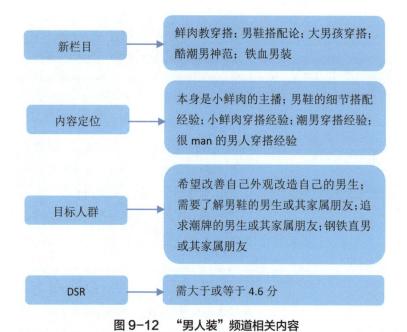

图 9-12 "男人装"频道相关内容

9.2.2 分析粉丝,准备选品

有些主播本来就有一些粉丝,并且自带流量,但是却没有货源。这类主播如果要通过直播的方式进行变现,在选择货品的时候则需要判断自己粉丝群体的情况,对粉丝的情况做一个详细分析。

那么用户画像的维度包括哪些方面呢?具体可以从社会属性、兴趣属性、消费特征以及社交数据等方面入手。

1. 社会属性

社会属性主要包括年龄、性别、受教育程度、职业、收入水平、身高、体重等基本信息。

2. 兴趣属性

兴趣属性包括浏览内容、收藏内容、购物偏好等。

3. 消费特征

消费特征主要指和消费有关的特征,一般以收入的水平进行划分。

4. 社交数据

社交相关数据包括粉丝的圈子、兴趣爱好、互动行为等。

根据以上4个维度对粉丝做好用户画像之后，主播可以对粉丝进行人群细分，确定核心人群，在选择服装的时候可以有针对性地选择粉丝喜欢的类型。不同的群体所喜爱的类型不同，消费阶层不一样，追求的品质也会有所不同。

对粉丝做好充分的了解，进而选择符合受众的商品，才能更好地带货、变现。

9.2.3 商品本身，特点分析

不是所有的商品都适合以直播的形式展现出来，适合直播的商品大致有5种，主播在选择直播商品时，应考虑商品本身的特点，然后进行分析。如图9-13所示为5种适合直播的商品。

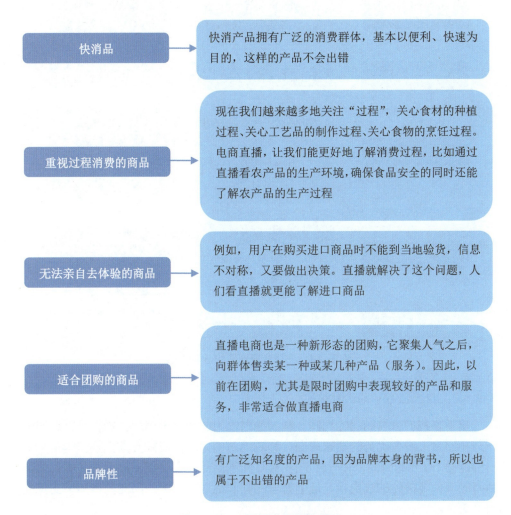

图9-13 5种适合直播的商品

综上，主播推荐的商品，肯定是受众很明确、性价比高、有质量、用途广，并且是具备同生活密切相关的某些功能、满足某些心理的商品。

9.2.4 市场容量，商品分析

市场容量是指在不考虑产品价格或者供应商的前提下，市场在一定时期内能够吸纳某种产品的数目。

那么我们可以通过哪些方法调研商品的市场容量呢？笔者总结了 5 种方法，具体如图 9-14 所示。

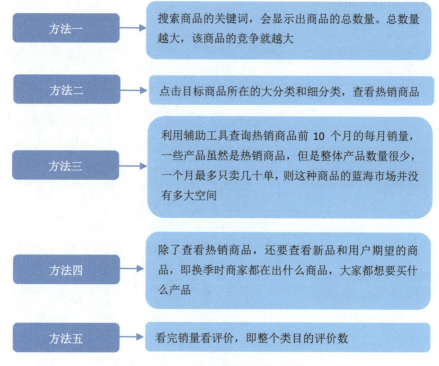

图 9-14 市场容量调研的 5 种方法

9.2.5 直播商品，利润分析

接下来我们来看商品的利润。利润绝对值大的商品更值得选择，特别是对于一些在资金上没有优势的卖家来说，利润绝对值大的商品能支撑卖家走得更远。一件能挣 50 元的商品，和一件能挣 100 元的商品，哪个能支撑得更久呢？虽然后者的单件能挣到的钱更多，但前者总的利润绝对值更大，因此前者能够支撑的时间更久。

产品的高利润率并不能表示可以赚到钱，只有高利润绝对值的商品才能支撑得起运营和推广。

除此之外，还需要把控成本。控制成本能让自己的商品更具有竞争力。有些商品是具有地区优势的，比如福建的鞋子、皮包，广州的服饰，深圳的电子产品等。因此，主播或电商在选择商品和供应链时，要避免选择容易断货和厂家不打算再生产的产品，以保证能够持续供货。

9.2.6 商品主播，也要适配

商品和主播之间，也要有一定的匹配度。首先，主播不能对商品反感，做主播要有自己的认知，并对商品具有认同感，只有真心实意地向粉丝推荐，你的推荐才会更具有说服力。除此之外，主播对商品的阐述不宜复杂，要在短时间内把商品的卖点与诉求有效、清晰地表达给受众，并让受众产生需求，进而消费，乃至传播。

比如商家在销售大码女装时，就应该选择身材偏胖的微胖主播进行直播，这样才能让商品和主播相匹配，如图 9-15 所示。

图 9-15　微胖主播直播

9.2.7 自主选品，两种计划

有些主播的货源不丰富，或者主播所在机构的货品更新速度过慢。新主播在直播的前期，如果遇到货源短缺的情况，笔者建议主播进行自主选品。本节笔者教给大家自主选品的方法是利用淘宝客链接赚佣金，具体方法如下。

淘宝的佣金计划有两种，即通用计划和定向计划，其中定向计划又分为公开计划和隐藏计划，那么到底是什么意思呢？

1. 通用计划

通用计划也称为默认计划,所有淘宝客都能参加并推广。这个计划没有门槛,佣金为 1%～5%。如果需要修改佣金,在修改之后的次日才会生效。因此笔者建议主播们在推广前的 1～2 天就让商家设置好佣金,否则佣金不生效,主播是没有收入的。这一计划不需要申请,主播直接将商品放在直播间,用户通过直播间达成交易,主播就可以获得收入。这一方法适用于自购商品类的直播推广。

2. 定向计划

定向计划分为两种,具体分析如下。

(1)定向公开计划:定向推广计划是卖家为淘宝客中某一个细分群体设置的推广计划,可以让淘宝客通过阿里妈妈前台看到推广并吸引淘宝客参加,这就是定向公开计划。

定向公开计划需要申请,有些卖家不需要人工审核就可以直接通过,有些卖家则需要人工审核才能通过。所以主播在申请以后要仔细确认一遍,如果是人工审核需要催卖家通过,因为通过后才能拿到高佣金,否则只能拿到通用计划的低佣金。

(2)定向隐藏计划:定向隐藏计划也可以不公开,即跟部分重点合作的淘宝客协商好,让此部分淘宝客获取较高的佣金。定向隐藏计划和公开计划一样,也需要申请,所以主播在申请以后也需要仔细确认。

3. 申请定向佣金的方法

从前文内容中我们不难看出,定向计划比通用计划收益更高,接下来笔者将为大家详细介绍申请定向佣金的具体方法和步骤。

步骤 01 打开阿里妈妈官网,输入淘宝账号密码,单击"登录"按钮,如图 9-16 所示。

图 9-16 阿里妈妈登录页面

步骤02 如果是首次登录，则需要注册阿里妈妈，根据系统提示，依次补全信息、身份认证，如图9-17所示。

图9-17 阿里妈妈注册页面

步骤03 进入阿里妈妈首页，单击"淘宝客"选项下方的"开始使用"按钮，如图9-18所示。

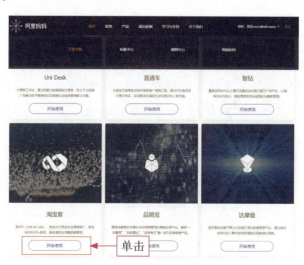

图9-18 阿里妈妈首页

步骤04 在淘宝客页面中单击"cps计划管理"按钮，找到"推广计划"中的"定向计划"，在右侧单击"查看"按钮，如图9-19所示。

图 9-19　淘宝客页面

步骤 05　在定向计划页面中单击"新建定向计划"按钮，如图 9-20 所示。

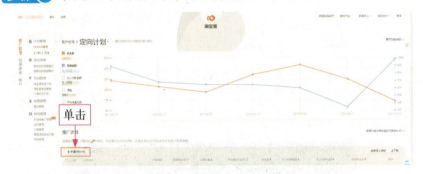

图 9-20　定向计划页面

步骤 06　接下来在"新建定向计划"页面中填写计划名称和相关内容，全部填写完毕即可，如图 9-21 所示。

图 9-21　"新建定向计划"页面

9.3 挖掘卖点，呈现价值

"好的卖点能够成就品牌营销的 90%"，这句话虽然有一定的绝对性，但也体现了卖点在营销中的重要性。

那么什么是卖点呢？我们可以理解为引发消费者购买欲望的一种销售手段或技巧，通俗来说就是服装的特点和优点，同时可以理解为我们的服装比别人家服装更具竞争力和优势的地方。

很多新主播和商家在挖掘卖点时，以为只需要把衣服的基本特点介绍完毕即可。但仅仅这样并不能得到顾客的认同，所以本节笔者将从以下 4 个角度为大家详细介绍挖掘卖点的方法，以供大家参考。

9.3.1 服装特征，多种维度

从服装特征的角度出发应该是大部分直播都能掌握的，也是最为基础的一点。但实际上从特征角度出发所包含的维度是多方面的，比如服装的材质、细节、颜色等。这些维度正是帮助主播建立差异化的最佳切入点。

如图 9-22 所示，该主播在直播间介绍这套服装时，就是从服装的特点入手的。图中的衬衫设计比较特别，为一边长一边短的不对称设计，这就是与其他衬衫的不同之处，可以作为重点来讲。同时，主播还拉近了镜头展示裤子上的流苏设计，使粉丝能更直观地感受这套服装的亮点所在。

图 9-22 根据特征介绍商品的直播案例

9.3.2 产品质量，高满意度

产品的质量也是消费者很关注的一个点。如今很多"网红店铺"的服装销售量很好，但退货率和差评也很多。原因就是这些店铺中的服装除了款式好看之外，性价比却很低，常出现衣服掉色、变形等情况。因此，质量也是一个很好的卖点。

如图9-23所示，该店铺是一家出售羊绒服装的专卖店，主播在直播中这样介绍其产品："水洗不变形，一年变形免费换。"这样一来，消费者就会提高对商家的信赖度，并做出购买行为。

图9-23 根据服装质量介绍商品的直播案例

只要自己产品的质量过硬，就要大胆地说出来。例如，牛仔裤的卖点可以设置为："高弹力牛仔裤，进店可以表演劈叉。"在将质量作为卖点时，主播要注意场景化描述，多使用动词，提升消费者的直观联想。

9.3.3 功能出发，轻松爆单

日本曾有一条毛巾创下了4小时卖出1000万条，达成1.5亿日元销售额的纪录，其卖点就是独创的"魔法捻线工艺"，宣称超过普通毛巾150%的吸水效果，并且舒适耐用。这个卖点吸引了很多追求生活品质的消费者。不仅如此，因为这一技术，该毛巾商家还获得了日本制造大奖、经济产业大臣奖、科学技术奖等大奖，名声大噪。

在服装的销售中，主播也可以将功能作为出发点。如图9-24所示，该主播在直播中介绍健身服时，就对防震、速干、舒适等功能性特点进行描述，获得了不错的销量。

图 9-24 根据服装功能介绍商品的直播案例

9.3.4 "名人"效应，打造卖点

很多企业在推出新品时，都会邀请一位明星代言。因为明星总是自带流量，利用明星效应，可以成功地吸引一大批消费者进行消费。比如耐克在发售 AIR MAX 2090 时，就邀请了当红明星王一博进行代言，如图 9-25 所示。

图 9-25 耐克 AIR MAX 2090 案例

对于大多数普通商家来说，可能支付不了巨额的明星代言费，但是销售明星同款也是不错的选择。如图9-26所示，淘宝店铺"一路出品"就专门出售明星同款衣服，它拥有108万粉丝，并且其销量和好评率都很不错。

图9-26　明星同款店铺案例

第 10 章
主播 IP，挖掘价值

学前提示

互联网的成熟大大地降低了主播的门槛，让更多人的梦想得以低成本实现。而到了以粉丝经济为基础的红人经济时代，主播所花费的成本将变得更低，回报也会更大。

本章主要介绍 IP 的主要属性、IP 的产业链以及达人案例，帮助主播挖掘其 IP 潜质。

要点展示

- 主播 IP，7 种属性
- 直播输出，IP 产业链
- 实力超群，达人案例

10.1 主播IP，7种属性

满世界都在谈论IP，IP究竟是什么？简而言之，IP就是招牌。它是当今互联网营销的一种重要手段和模式。为了更好地了解主播如何通过直播平台进行营销，我们有必要先了解主播的强IP属性。

10.1.1 传播属性，覆盖超广

随着移动互联网的飞速发展，网络上的各种内容传播的速度也不断加快。作为一个IP，无论是人还是事物，都需要在社交平台上拥有较高的传播率。只有在QQ、微信、微博等主要的移动社交平台上都得到传播，才符合一个强IP的要求。

例如，2020年，一款名为《青春有你第二季》的综艺节目在爱奇艺热播。这是一档延续《青春有你》IP，由青春制作人代表和导师团阵营带领109位女生开启的青春拼搏之旅。

导师阵容由蔡徐坤、Lisa、陈嘉烨和Jony J组成，选手们通过任务、训练、考核，在明星导师的训练下成长，最后筛选出9位选手，组成偶像团体出道。由于有明星强IP作为导师指导，这个节目获得了众人的关注，并得到了广泛的传播。

除此之外，这个节目还在微博平台进行了大力的宣传与传播。如图10-1所示，为爱奇艺官方微博对《青春有你第二季》的宣传。

图10-1 爱奇艺官方微博对《青春有你第二季》的宣传

这条微博在极短的时间内就有上万人点赞，还有粉丝发起了#青春有你#的微博话题，随后众多粉丝和乐迷进行转发和原创，使得这一节目吸引了更多的人参与传播。如图10-2所示为《青春有你第二季》相关微博话题。

图10-2　微博话题#青春有你#

在其他的移动社交平台，《青春有你第二季》这个节目也得到了火热的传播，比如QQ空间、微信朋友圈等。如图10-3所示为用户在朋友圈主动分享《青春有你第二季》。

图10-3　《青春有你第二季》在朋友圈传播

从这个节目就可以看出，一个强大的 IP 所必须具备的属性就是传播。只有传播的范围广，才能影响到各个方面，从而得到更多的利益回报。这也是主播需要学习的地方，在各个不同的平台推广自己，才能成为影响力更强的 IP。

同时，口碑也是 IP 传播属性的重要体现环节。所谓口碑，也就是人们对一个人或一个事物的评价。

很多时候，人们的口耳相传往往比其他的宣传方式更加直接有效。例如，大型连锁书店——诚品书店就是一个具有良好口碑的 IP，相信去过书店的文艺青年对其都不会感到陌生。如图 10-4 所示为诚品书店的官网。

图 10-4　诚品书店的官网

诚品书店之所以能够深入人心，是因为其 IP 具备口碑传播的属性。口碑传播越强，品牌效应也就会越大，那么营销也就会越成功。因此，主播需要像诚品书店这个 IP 一样，全力塑造自己的口碑，这样就能传播得更广。

诚品书店作为一个独具文艺特色的品牌，凭借其"连锁不复制"的理念和经营多年积累起来的口碑，已经将各种商业活动拓展开来，如文艺展览、网络购物、旅行、不动产等。

10.1.2　内容属性，突出亮点

如果一个 IP 想要吸引更多平台的用户，就应该打造优质并且真正有价值的内容。内容属性作为 IP 的一个必不可少的属性，究竟包含了哪些特征呢？

在如今这个"营销当道"的社会，内容的重要性是不言而喻的。随着时代的发展，平台的多样化，从微博到微信公众号，内容生产者的自由度也越来越高。

他们拥有更多的机会进行碎片化内容的创作，相应地，内容也开始变得多彩多样、个性十足。如图10-5所示为微信公众号的订阅号列表。

图10-5　微信订阅号的内容列表

面对如此繁杂的信息内容，用户不免有些审美疲劳，那么，该如何吸引用户的眼球呢？这时候，就需要内容生产者时刻把握市场的动态，关注用户的需求，然后制造出相应的内容，打造出一个强大的IP。

在这方面，美图手机可以说是一个典范。2019年，美图手机推出了限量抢购的活动。如图10-6所示，美图手机在微信公众号发布了这样一个内容："说到告白，我们都输给了Angelababy。"

图10-6　美图手机的微信公众号内容

在这个内容中，美图手机将代言人 Angelababy 和自家产品结合在一起，利用 Angelababy 来增强产品和内容对用户的吸引力，可谓妙哉！

主播作为一个需要成为强大 IP 的主体，也应向企业认知 IP 内容属性的方法进行模仿和学习，即努力去迎合市场的需求，抓住大众的心理，来创造一个优质且有价值的内容。

除此之外，内容属性与年轻群体的追求也是分不开的。一个 IP 是否强大，主要是看他塑造出来的内容是否符合年轻人的喜好。

例如，被冠以"第一网红"称号的 papi 酱就是这样一个超级 IP。如她自己所说，她是一个普通的大龄女青年，也是一个集美貌、才华与智慧于一身的美少女。她之所以能够成为一个强 IP，是因为她发布的视频大部分都有着清晰的价值观，在内容上贴近年轻人的追求，崇尚真实，摒弃"虚伪"，用幽默的方式对一切"装"的行为进行吐槽。

papi 酱独特的表演方式，集夸张、幽默、搞笑于一体，吸引了众多用户的关注，抖音上更是有千万人关注她的视频账号。如图 10-7 所示为 papi 酱在抖音上发布的短视频。

图 10-7 papi 酱短视频

总之，成为一个强 IP 不仅内容要有质量，还要无限贴近年轻人的追求。主播也是一样，创造的内容要优质且有价值才能吸引广大年轻群体的目光。

10.1.3 情感属性，情感共鸣

一个 IP 的情感属性容易引起人们的情感共鸣，能够唤起人们心中相同的情

感经历，并得到广泛认可。主播如果能利用这种特殊的情感属性，那么将会得到更多用户的追捧和认同。

例如，抖音平台上有一类主播 IP 专门拍摄情感类的段子视频，这类视频能说出大多数人的心声，引起情感上的共鸣。如图 10-8 所示为抖音平台上某主播发布的情感类短视频。

图 10-8　情感类短视频

选择情感的战略是无比明智的，只有与有相同情感诉求的品牌、企业合作，才能将情感属性放大，引发用户情感共鸣，促进 IP 主播的发展，拓宽发展空间。主播应具备这种情感属性，找到自己的特质，让用户寻得情感共鸣和归属感。

10.1.4　粉丝属性，黏性极强

"粉丝"这个名词相信大家都不会陌生，那么"粉丝经济"呢？作为互联网营销中的一个热门词汇，它向我们展示了粉丝支撑起来的强大 IP 营销力量。可以说，IP 就是由粉丝孵化而来的。没有粉丝，也就没有 IP。

哪个行业的粉丝数量最为壮观呢？当属影视行业无疑。纵观当下的电视剧，一开播甚至还未开播时就已引得无数粉丝关注议论，无论是《陈情令》《楚乔传》《夏至未至》《欢乐颂 2》《白鹿原》，还是国外的《权力的游戏》《致命的女人》《深夜食堂》，它们都有一个共同之处：热门 IP。

热门 IP 如何由粉丝孵化而来？

以《楚乔传》为例，它改编自潇湘冬儿的小说《11 处特工皇妃》，这部小说从诞生以来就受到众多粉丝的追捧与喜爱，连续在潇湘书院的各大排行榜名列前茅。这样的热门小说本身就是一个很好的 IP，而且往往会自带粉丝，为电视剧的营销作了良好的铺垫。

热门 IP 的自带粉丝属性，能给营销带来无可比拟的方便。如图 10-9 所示，为《11 处特工皇妃》在潇湘书院的阅读界面，可以看到其阅读量已经超过了 5 亿。由此可见，这样一个火爆的 IP 自然会使得电视剧还没拍就引起大众的热切关注。

图 10-9　《11 处特工皇妃》在潇湘书院的阅读界面

凭借这样热门的 IP，《楚乔传》获得了坚实的粉丝基础。而想要进行 IP 营销，则还需与粉丝进行互动，从而让用户主动参与到企业的 IP 营销之中。

当然，"粉丝经济"不仅仅在于为 IP 带来影响力和推广力，最重要的还在于将粉丝的力量转变为实实在在的利润，即粉丝变现。

例如，2020 年热播的电视剧《安家》，剧内角色"朱闪闪"性格讨喜，吸粉无数，同时，她在剧内的同款产品，如衣服、鞋子、包包等，也在淘宝热卖，如图 10-10 所示。

这样的合作方式为《安家》和淘宝商家都带来了巨大的经济效益，而《安家》的 IP 营销也大获成功，粉丝变现得以实现。电视剧《安家》与淘宝商家有着类似的受众群，因此给双方都带来了巨大的粉丝量。粉丝摇身一变成为消费者，其潜在购买力被激发，转变为看得见的利润。

粉丝属性是 IP 的重要属性，粉丝不仅能为企业传播和宣传品牌，还能为企业的利润赚取做出贡献。主播也应学会经营粉丝，这样才能成为一个超级 IP。

图 10-10 《安家》朱闪闪同款

10.1.5 前景属性，商业价值

一个强大的 IP，必定具备一个良好的商业前景。以音乐为例，如果一个原创歌手想要将自己的歌曲打造成一个强 IP，就必须给歌曲赋予商业价值。

随着时代的发展，音乐领域的商业价值不仅体现在唱片的实体销售量上，而且还包括付费下载和在线播放量。只有把握好各方面的条件，才能卖出更多的产品，打造强大的 IP。

例如，华晨宇作为一名歌手，在人气、唱片销量和传播范围上都占据着领先的地位。如图 10-11 所示为华晨宇在网易云出售专辑的相关界面。

图 10-11 华晨宇出售音乐专辑的相关界面

华晨宇在刚出道时虽然遭到了重重困难,但时间证明,他的商业价值是不可估量的。华晨宇不仅成为一个十分强大的IP,而且其前景也是一片大好。从最初的音乐,到后来的综艺、广告等多个方面,相信华晨宇这个超级IP以后还会延伸到更广的领域。

当然,既然说的是前景属性,那么并非所有的产品在当下都具有商业价值。企业要懂得挖掘那些有潜力的IP,打破思维固态,从多方位、多角度进行思考,全力打造符合用户需求的IP,才会赢得IP带来的人气,从而获取大量利润。主播同样也要学会高瞻远瞩,看准发展方向,拓宽发展空间,才能成为一个强IP。

除此之外,伴随性也是一个好的IP不可或缺的特征。何谓伴随性?简单地说就是陪伴成长。打个比方,如果你面前有两个产品供你选择,它们价格相等,你会选从小看到大的动漫,还是选择长大以后才看的动漫?相信大多数人都会选择从小看到大的产品,因为那是陪伴他一起成长的,其中承载了成长的点滴。

例如,日本动画片《哆啦A梦》已经诞生几十年了,但相关的动画片还是在播放,火热程度依然不减当年。

所以说,一个IP的伴随性也直接体现了其前景性。如果IP伴随着一代又一代的人成长,那么他就会打破时间和空间的限制,制造出无穷无尽的商业价值。作为主播,当然也要懂得陪伴的重要性,这样才能成为具有商业价值和市场前景的IP。

10.1.6 内涵属性,内在情怀

一个IP的属性除了体现在外部的价值、前景等方面,还应注重其内在特有的情怀和内涵,而内涵则包括很多方面。例如积极的人生意义、引发人们思考和追求的情怀,以及植入深刻价值观的内涵等。

但IP最主要的目的还是营销,所以,IP的内涵属性要与品牌自身的观念、价值相契合,才能吸引用户的眼球,将产品推销出去。

从IP营销可以看出,企业需要将自身的特质内涵与IP相结合,才能让IP营销显得无缝链接,让消费者自愿参与到营销之中,让企业的IP走上强大之路。主播也是一样,只有将自身的闪光点与品牌结合起来,才能成为一个强IP。

除此之外,主播还可以对IP进行改编,从而推出产品。当然,改编经典IP的关键就在于体现出更加丰富的内涵。

丰富IP内涵,需要主播将主要精力放在内容的制作上,而不是单纯地追求利益最大化,急功近利是打造IP的大忌。只有用心,才会使得用户投入其中,从而彰显出IP的内在价值。

10.1.7　故事属性，内容丰富

故事属性是 IP 吸引用户关注的关键属性，一个好的 IP，必定是有很强的故事性的。

例如，著名的《西游记》为什么会成为一个大 IP？其主要原因就在于它故事性强。一个墨守成规的和尚；一个大胆勇敢、疾恶如仇的猴子；一个好吃懒做、爱占小便宜的猪；一个憨厚老实、默默无闻的挑夫；还有一个台词最少的白龙马……

在去往西天取经的路上，他们经历了"九九八十一难"，酸甜苦辣都尝遍，最终取得真经，普度众生。仅仅是这几个主人公的个性特点，就能让人们谈论得津津有味。《西游记》的故事性是无可比拟的，自然也就成为强 IP。

如图 10-12 所示，为改编自《西游记》的国产 3D 动画电影《西游记之大圣归来》的剧照。

图 10-12　《西游记之大圣归来》剧照

不仅如此，随着《西游记之大圣归来》的火热播出，一系列相关产品也相继推出，这个强 IP 的故事属性使得营销变得更加简单。

如果我们仔细分析每一个强 IP，不难发现他们都有一个共同点——故事性强。正是这些 IP 背后的故事，引起了用户的兴趣，造成了市场的轰动。

自《致我们终将逝去的青春》开始，电影界就掀起一阵"青春校园"的热潮。例如，《匆匆那年》《同桌的你》《左耳》《睡在我上铺的兄弟》……这些年大热的国产青春片，触动了不少人的回忆与情怀，也吸引了大量的市场和资本。

尽管人们对其内容褒贬不一，但还是在票房和影响力上取得了非凡的成绩。这其中的原因就在于这些青春题材的电影故事性强，正好与用户的口味相符。

根据作家刘同的小说《谁的青春不迷茫》改编而成的同名电影赢得了大众的喜爱，因为它保持了对原著的尊重，在挑选演员方面也没有依靠大腕明星吸引观众，而是选择了年轻团队，凭借故事和对青春的尊敬来赢得 IP 的成功。

青春时代承载了人们太多美好的回忆，也累积了很多有趣的故事。长大成人之后很少能拥有那份纯真，所以这也是青春电影受到热烈欢迎的原因。

好的故事总是招人喜欢的，在 IP 的这种故事属性中，故事内容的丰富性是重中之重。

对于主播来说，如果你有好的故事，就一定能吸引用户的兴趣。没有好的故事，那就只会火热一时，最终成为过往云烟，被用户遗忘。

10.2 直播输出，IP 产业链

从 YY 开始直播之路至今，直播市场已经得到了十多年的发展，尤其是 2013 年的游戏直播兴起，互联网上涌现了一大批直播平台。

如今，直播行业进入了发展的高峰期，同时直播主播类人物 IP 也正式形成了一套完善的输出产业链。

10.2.1 平台扶持，才是关键

要想成为直播主播，首先需要有一技之长，这样才能吸引网友关注。例如，美国男歌手查理·普斯（Charlie Puth）就是依靠唱歌这门才艺，从网红跨越到"真正的歌星"。

最开始，查理·普斯将自己演唱的歌曲发布到社交平台来吸引粉丝关注，得到一定的粉丝数量后便开始发表个人原创专辑。

查理·普斯通过自己的才艺，进行了一系列的"洗底"动作，如制作节目主题曲，与多位红星合作，写歌、合唱及监制，让自己从网红过渡到"真正红"。

当然在国内，主播们除了自己拥有才艺内容外，还需要直播平台的扶持，才能完成从网红到网红经济的跨越，实现其名利双收的 IP 价值。

如图 10-13 所示，打造网红主播的平台主要包括社交平台、网红经纪公司、供应链生产商或平台。

同时，这些平台也在相互渗透。例如，作为移动设计平台"领导者"的手机 QQ 也在一级菜单中推出"直播"入口，如图 10-14 所示。

这种改变，使主播们实现了引流和内容发布等供应链的集中，进一步缩短了粉丝变现的途径。

可以发现，如今直播已经成为继 QQ、微博、微信等社交平台的互联网流量中心，主播们强大的粉丝黏性将为这些供应链平台带来更多的价值。

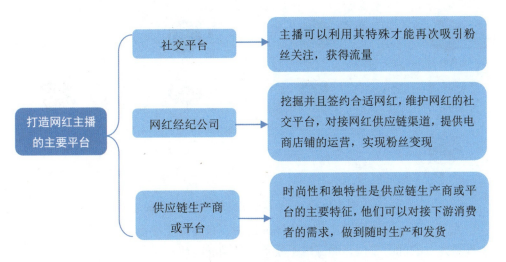

图 10-13 打造网红主播的平台

图 10-14 手机 QQ 的"直播"功能

10.2.2 公会打造，迎新生态

大部分的主播都会有一个"所属公会"，而且这些公会通常会占据主播收入一定比例的抽成。公会在直播行业的供应链中占据很重要的地位，他们不但控制了下游的主播，而且还拥有强大的营销、市场、传播、技术等能力。如图 10-15 所示为 YY 直播平台上的一些大公会。

图 10-15　YY 直播平台上的一些大公会

尤其在以主播为内容本身的秀场直播中,公会对于平台的价值非常大,他们管理着大批的优质主播,而且也不断向平台输送内容,如图 10-16 所示。

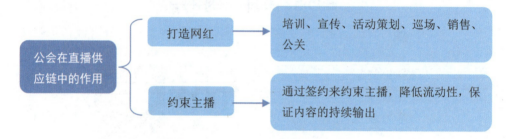

图 10-16　公会在直播供应链中的作用

其实,公会本质上就是一个小型的经纪公司,并且构建了主播的 3 级经济链条。对于那些拥有好的内容,而且播出时间比较稳定的主播,公会会进行推荐,从而将普通的网红炒红。

公会与经纪公司的目的是一致的,他们都是为了向直播行业输送最优质的 IP,不断培养优秀的内容创作者,打造娱乐新生态。

10.2.3　完善平台,新商业式

好的直播平台可以快速吸引主播入驻,而且这些主播同时也能为平台带来更多的用户和收入,他们之间的关系为:主播输出内容,为直播平台实现变现;直播平台为主播实现粉丝的快速积累和沉淀。

各种直播平台的出现也让 IP 争夺越来越激烈,而且很多平台开始借势于电视剧、电影、综艺等热门 IP,帮助平台吸引更多新用户。

同时,在各种直播平台上,用户不但可以看到熟悉的网红主播,而且还能看到很多明星艺人的直播。这些影视综艺 IP 与直播平台的合作,对于双方来说是

一件互惠互利的事情。

对于直播平台来说，主播、明星、企业等 IP 都拥有自身的定位和功能，他们自上而下在平台上的结合，可以形成一条完整的产业链结构，并逐渐形成一种新的商业模式。

10.3 实力超群，达人案例

前文主要向大家介绍了主播 IP 的相关属性和产业链，本小节主要为大家分析一下各超级 IP 直播成功的案例，帮助大家直观感受 IP 的强大，并在案例中学习超级 IP 的成功经验。

10.3.1 小米雷军，直播新品

小米的创始人雷军，是大家所熟知的企业家。小米智能手机在国内算得上是一个巨头般的存在，而雷军在企业家中也算是标准的网红。

2016 年，雷军在网络直播平台直播了公司即将发布的小米 Max 手机，当天在百度指数中的搜索指数达到了 23 万之多，并且在首发当天再次引起了轰动，搜索指数达到了峰值。如图 10-17 所示，为小米 Max 的指数趋势。可以说雷军的网络直播首发为小米 Max 随后的大卖奠定了不可磨灭的基础。

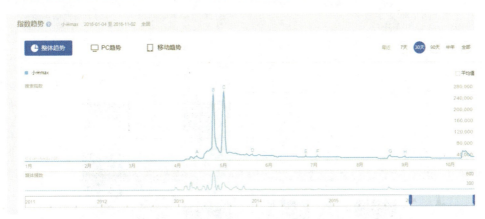

图 10-17 小米 Max 的指数趋势

再到 2020 年，原本计划于 2 月 13 日召开的小米 10 发布会，却由于当时的"新型冠状病毒"疫情原因被耽误，雷军决定以"线上直播"的方式召开，如图 10-18 所示。在这场发布会中，空旷的会场只有他一个人戴着口罩介绍产品，并没有其他的观众，场面略微显得凄凉。

图 10-18 小米 10 发布会

但是发布会第二天,小米狂卖 3 个亿,成就了小米单日单品销量、销售额的双料冠军。

不仅如此,由于小米 10 直播发布会的傲人成绩,同时也带动了小米 10 Pro 的销售,创下了 55 秒破两亿元的销售额。如图 10-19 所示,为雷军和人民网在微博上的宣传截图。

图 10-19 微博截图

10.3.2 薇娅 viya,全年 27 亿

相信只要是对直播有所了解的读者都知道淘宝头部主播薇娅,包括在本书的

前面章节也提到过数次。但大多数人对薇娅的了解都只在于新闻中的那一串串标题，如："一夜卖出杭州一套房""连续两个月刷新淘榜单纪录""一天几个亿的营业额"……

薇娅的成功绝不仅仅体现在这些新闻标题上，2018年，她所在的直播间全年成交额达到27亿元，与5000多个品牌进行合作；2019年创下了单场销售额最高纪录3.53亿的记录，单场直播最高观看人数超过800万，淘宝店粉丝超过千万。如图10-20所示为薇娅viya淘宝店铺的截图。

图10-20　薇娅viya淘宝店铺截图

从图10-20中我们可以看到，即使不在直播间，薇娅店铺的单品销售量也十分可观，光是预售商品销量就超过万件了。

薇娅是如何将淘宝直播做到这么厉害的呢？我们接着往下看。薇娅做过歌手、主持人，出过唱片。在做直播之前，从事是服装产业经营，一口气开了7家实体店铺。后来实体店大获全胜，她又开始转型做电商。但因为不懂运营、没有经验、不做广告，结果并不理想，甚至亏得卖掉了一套房子。

直到2016年，薇娅才开始接触直播。当时电商直播并不像如今这么盛行，当时的淘宝直播还不能通过直播间直接将商品添加到购物车。薇娅发现粉丝只能根据主播的穿着来想象衣服的质量和上身效果，这就导致部分粉丝收到货品之后往往会出现心理落差。

也正是因为这样，薇娅在选品时越来越严谨，而为了保证衣服的质量，也就无法做到每天都能开播、上新。于是，薇娅慢慢开始在直播间跨界，最早的跨界是零食。薇娅某一次在直播间吃了一款小蛋糕，便有粉丝询问蛋糕链接，于是薇娅团队联系到了蛋糕的厂家,拿下了比平时最低价再便宜 5 元的价格。令大家没想到的是,第一次跨界直播非常成功,仅几秒钟的时间就卖空了 1000 份蛋糕。

正是第一次的成功转型,给予了薇娅及其团队更多的信心,开创了美丽节、生活节等各种节日促销,回馈粉丝。虽然薇娅的跨界曾经遭到很多网友对其专业性的怀疑,但实际上,薇娅直播间的各类目产品都有对应负责人,这些负责人在各自的领域都有着多年的专业性积累。

"越努力越幸运",无论是失败还是成功,质疑还是支持,薇娅在直播这条路上都是以粉丝的利益作为第一位的。

2020 年,5G 时代来临,直播这个风口会越来越大,还在观望或者刚起步的主播们,只要结合本书的知识点,学习头部主播的经验,坚持不懈,保持活跃度,抓住发展时机,也一定能够获得收获。

10.3.3 口红一哥,名副其实

说完"淘宝一姐薇娅",我们再来看"口红一哥李佳琦"。李佳琦出生于 1992 年,是一个 90 后。他在大学毕业之后,成为一名彩妆师,月薪才 3000 元。因为一次偶然的机会,被公司选中,成为美妆主播。

在他做彩妆师的时候,很多顾客不愿意用嘴巴试专柜的样品口红,他就用自己的嘴巴为顾客试色,多次成为门店销售冠军。也正是他认真、专业、长达 3 年的彩妆经验,为他之后的直播带货奠定了基础。

李佳琦在刚开始做主播的时候也并不顺利,没有粉丝也没有流量,直播时也会紧张、羞涩。面对着长达几个小时的直播时间,他开始在直播间教粉丝化仿妆,因为仿妆的时间长,这是应对直播时长的好方法。

经过一段时间的坚持和努力,他的机会来了,淘宝在做主播扶持任务时,将李佳琦推到了首页,那一次的直播,使他的流量暴增。

2018 年,李佳琦成功挑战"30 秒涂口红最多人数"的吉尼斯世界纪录,成为该世界纪录的保持者,得到"口红一哥"的称号;同年双 11 与马云 PK 卖口红,5 分钟卖出 15000 支,战胜了马云。

2019 年,李佳琦全年 389 场直播,经常直播到凌晨才下播。作为一名爱吃辣的湖南人,他为了保护嗓子,戒掉了辣椒,开始吃清淡的饮食;为了立住"口红一哥"这个标签,李佳琦在直播间直播时,往往两三个小时要试色几百只口红,一种颜色试完,用卸妆棉擦掉,再进行下一种,这对唇部的伤害非常大,导致他对口红产生了心理阴影。

没有谁能够一夜暴富,也没有人可以一夜爆红。2019 年,李佳琦在直播中 1 秒钟卖光 8000 套产品,6 秒钟抢完 25.5 万张电影票,一分钟售罄 14000 支口红。2020 年 1 月 5 日,李佳琦在直播间里销售了 300 万元金字火腿,第二

天将金字火腿送上涨停板,给公司直接带来了 5.48 亿元的市值增长。

截至 2020 年 4 月,李佳琦微博粉丝 1374 万,淘宝直播粉丝 2018.5 万,抖音粉丝 4231.7 万,平台粉丝总数超过 8000 万,相当于整个德国人口数。如图 10-21 所示为李佳琦微博部分截图;如图 10-22 所示为李佳琦抖音账号的部分截图。

图 10-21　李佳琦微博部分截图

图 10-22　李佳琦抖音账号的部分截图

由于李佳琦事业上的成功,已经是生活中很多人的榜样和崇拜者。他在直播里试口红试到嘴唇没有了知觉依然在坚持,他的很多经历是我们无法想象的,但正是因为这样，才造就了今天的李佳琦。

在李佳琦的身上，无论是专业、运营方式、人设，都是值得新主播学习的。

10.3.4 快手辛巴，卖货大王

在 2019 年的双 11 活动中，薇娅和李佳琦的带货比拼成为全民话题，而在快手上，辛巴也成了 2019 年快手平台带货的标杆。如图 10-23 所示，为 2019 年双 11 期间的达人卖货榜。如图 10-24 为卡思数据联合淘宝联盟发布的《双 11 站外达人机构 TOP 榜》。

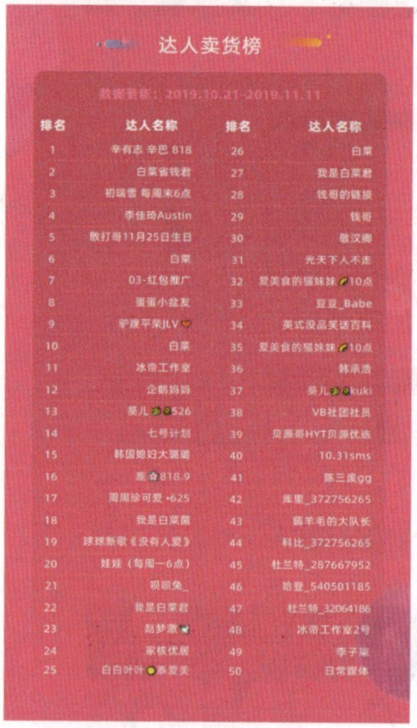

图 10-23　达人卖货榜 　　图 10-24　双 11 站外达人机构 TOP 榜

从图 10-23 中可以看出，辛巴位于双 11 天猫站外人气榜第一名。那么是什么让辛巴成为新一代的"卖货王"？他在快手直播中展现的强大的带货能力又是从何而来的呢？

与淘宝直播和抖音直播不同，快手主播们都是在直播间一边聊天一边把货卖出去。前文也提到过，快手的特征是"以人带货"，主播们更在意的是能否和粉丝们打成一片，建立信任感。

辛巴在刚进入快手平台时，灵活运用了"秒榜机制"（在头部主播的直播间刷礼物，成为榜一），他以这种方式出现在用户面前，3 个月就涨了 795 万粉丝。

有了这些粉丝之后，他没有立即卖货，而是通过互动和粉丝建立了良好的关系，为自己树立了"农民的儿子""百姓主播""淳朴的商人"等形象。辛巴最常用的销售话术是："需要你就买，不需要你就不买。"辛巴主要利用的带货方

式有 3 种，如图 10-25 所示。

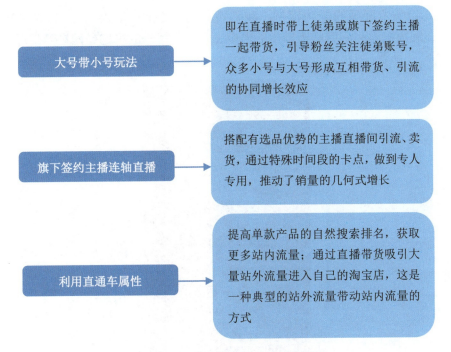

图 10-25　辛巴常用的 3 种带货玩法

除此之外，辛巴还会借助明星的影响力出圈。比如，在 2019 年的 618 电商节中，郭富城带着自创的洗发水品牌 AKFS+ 进入辛巴的直播间，5 秒钟就卖出了 165000 瓶的销售量。如图 10-26 所示为辛巴的快手账号截图。

图 10-26　辛巴快手账号截图

10.3.5 MCN 机构，星梦工厂

说完个人直播的成功案例，我们再来看看 2019 年双 11 的达人机构榜单，在阿里妈妈和淘宝联盟推出的榜单上，排名第一的机构是网星梦工厂，如图 10-27 所示。

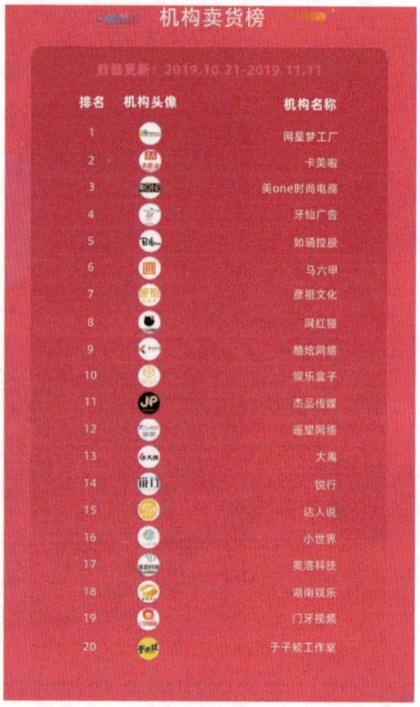

图 10-27 达人机构榜单

网星梦工厂是一家 MCN 机构，早期做电商网红的孵化，后来转向泛娱乐内容方向，主营业务有营销账号的运营、虚拟 IP 的运营、衍生授权及整合营销、泛娱乐方向的网红孵化及整合营销。

在双 11 当天，网星梦工厂的带货红人以每秒成交 17 单、每分钟成交 1041 单的速度悄然夺冠，并交出了双 11 全天付款订单 160 万笔、销售金额 1.5 亿的成绩单，成为当之无愧的机构带货王。

为什么这家机构的成绩单会比网红电商公司如涵控股和口红一哥李佳琦所在的美 ONE 时尚电商的成绩单更加好看呢？接下来笔者就分析一下它成功的原因。

首先来看这家公司的主营业务，主要有 3 个方向，具体如图 10-28 所示。

网星梦工厂旗下的主播主要以腰部主播为主，并且大部分主播都是由自己孵化成功的，这样培育出来的主播会更加珍惜粉丝，对粉丝的购买力、产品偏好，甚至购买时间都有正确的把握。

除此之外，这些达人对淘宝的平台规则非常重视。2019 年双 11，机构对淘

宝的红包、定金等玩法规则进行了深度研究和高度配合,使得粉丝转化率非常高。整个双11,网星梦工厂旗下的主播人们推出的带货链接共获取超过500万次点击,总付款笔数超过160万,点击购买转化率达到了30%以上。

网星梦工厂从2015年就开始批量素人的孵化,让签约内容创作者实实在在赚到钱,再加上2019年双11交出的漂亮成绩单,给更多想要从事主播行业的普通人更大的自信和鼓励。

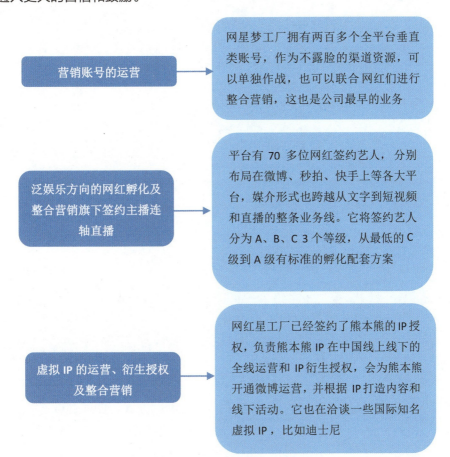

图10-28 网星梦工厂的主营业务

第 11 章
关于雷区，必须注意

学前提示

随着直播行业的深入发展，直播的内容也越来越广泛。主播在进行直播时，不免会走入一些误区，误区并不可怕，可怕的是连误区在哪里都不知道。

本章笔者将带领大家一起了解直播界存在的误区，帮助大家积极采取措施来避免踏入误区或者陷入风险。

要点展示

- 一入误区，便深似海
- 抓住痛点，明晰问题
- 三观不正，影响不良
- 内容技术，一起上阵

11.1 一入误区，便深似海

虽然直播营销能给直播平台和主播带来很多利益，但同时在直播营销的过程中也存在着方方面面的误区。了解和认识以下误区，做到有效避免陷入误区，才是正确进行直播营销的可行之道。

11.1.1 虚假繁荣，陷入危险

从网络直播的出现到迅速发展，仅仅经历了一两年的时间，就形成了"互联网+"时代的重要产物和新兴产业，实现了发展的迅速繁荣，造就了发展的空前盛况。然而，就在这一繁荣发展的盛况背后，却隐藏着巨大的危机和风险，在其表面的繁荣盛况下，有一些方面也开始转向虚假。

更甚者，有些方面的表现根本就是无限膨胀的泡沫，从而也使得直播行业的发展出现了难以约束的风险。网络直播发展存在的"虚假繁荣"，主要表现在两个方面，具体内容如下。

1. 主播收入

一般来说，主播的收入还是不能跳出薪资、打赏分成、电商及其广告这 3 个方面。而对于大部分主播来说，这 3 个方面加起来的年收入还是有限的，并不是如一些网络所传播的一样，轻松实现"年收入上千万""年收入上百万"，也可能有一些头部主播凭借着自身的影响力获得了不菲的收入，但并不是所有的主播都能实现这一年收入目标的。

大部分主播这 3 个方面的收入，在扣除了公司的提成和缴纳个人所得税之后，真正所得的只相当于总数的三分之一，因此，一些发展势头较好、影响力大的主播是有可能获得不菲收入的，然而大多数的主播无论是其影响力和主播素养都一般，那么他们都还是维持在比一般人稍高的工资水平，这与网络传播的巨额的年收入完全不挂钩。

2. 直播点击量

上面提及的主播收入在很大方面是与直播节目的粉丝和点击量相关的，粉丝多、点击量大的直播节目，主播获得的收入自然也就高；反之，则相反。因此，为了提高收入，有些主播会选择打造一些虚假受众来提升点击量。具体说来，主要来自于两种途径，即主播主动刷粉和直播平台引入"机器人"粉丝。

在这两种途径中，前者主要是由主播自身来完成，犹如微信朋友圈的刷屏一样，是虚假的粉丝数和点击量的制造方法。且这种方法可以通过现金购买来实现，一般能以很低的价格获得粉丝数和点击量的大幅度增长。

后者则是由直播平台来完成的，其目的在于提升平台的形象和影响力。直播平台一般会选择一些有一定潜力的主播，为了实现主播的迅速成长和平台的发展，引入了"机器人"粉丝。

11.1.2 依赖三方，多重隐患

很多企业因为看准了第三方直播平台的用户数量多、流量大，所以常常借助泛娱乐直播平台进行直播营销。实际上这种做法是非常不可取的，因为对于企业而言，这些第三方直播平台的用户与企业并不完全对口。

因此，企业在诸如花椒、映客等直播平台进行直播的话，换来的只是表面上的虚假繁荣，犹如"泡沫经济"，并不能实现营销的最优效果。此外，网络环境也是利用第三方直播平台进行直播的一个问题。一般大型发布会现场的网络信号时常不稳定，而移动网络就更不用说，这将会严重损害用户的观看体验。

因此，企业在利用直播宣传时，通过与专业的直播平台展开合作，充分利用其成熟的技术，就能解决直播中卡顿的问题，让直播更加顺畅。以乐直播为例，其在直播时采用了3大技术，解决了网络不流通的问题，即：

（1）图像碎片化；

（2）多链路传输；

（3）云端快合并。

11.1.3 擅自经营，直面违规

当下网络视频直播大热，各种直播经营者一拥而上，面对直播行业巨大经济利益的诱惑，许多经营单位或网站平台不仅在直播内容上存在风险，本身还存在擅自经营的风险。一般说来，擅自经营包括两个方面的内容，具体如图11-1所示。

其中，直播业务的违规经营，指的是进行直播业务的平台和主播是在没有文化部门和工商部门登记许可的情况下进行的，他们是利用视频直播推出和进驻的便利性而违规进行直播的。

而直播业务的超范围经营，指的是有些平台的直播节目是没有得到相关部门——文化部门和工商部门许可的，他们所推出的直播并不在其工商登记所属的经营范围之内。

例如，一个以新闻为主打业务的平台突然推出了直播，而其在有关部门所登记的相关业务并不包括直播，这就属于超范围经营行为。

无论是违规经营，还是超范围经营，从法律上来说，都是应该受到惩处的，而且文化部门和工商部门也有权对其进行查处。

图 11-1　直播业务的擅自经营内容介绍

那么，在直播业务的擅自经营行为频出的情况下，应该怎样才能更好地进行管理和规范呢？其实，首先应该寻找出现这种现象的原因，再有针对性地加以解决。而造成这种擅自经营现象频出的原因是什么呢？笔者将其总结为3点，即：

（1）利益的吸引；

（2）法律意识的淡漠；

（3）经营者的良莠不齐。

11.1.4　非法侵扰，他人镜头

随着直播的迅速发展和全民直播的兴起，人们生活的各个方面都有着视频直播的痕迹。而在这样的直播氛围下，直播的视频总是会或多或少地把直播周围的人、物等不经意摄入其中，特别是户外直播，这种现象更是常见。

随着视频直播逐渐渗入人们的日常生活，用户已经没有隐私，反倒成为别人观看的风景或他人谋利的工具。用户可以通过"俺瞧瞧""360水滴直播"等直播平台，观看不同地方的路况、商场等场景，甚至连生活场景都可以看到。隐私权包括两个方面：

（1）隐私权具有私密性的特征，权利范围由个人决定；

（2）隐私权由自己控制，公开什么信息全由个人决定。

当我们处在公共领域中时，并不意味着我们自动放弃了隐私权，可以随意被他人上传到直播平台。我们可以拒绝他人的采访，也有权决定是否出现在视频直播之中，因为我们在公有空间中有权行使我们的隐私权。因此，直播的这种非法侵权行为是非常错误的。

由此可见，当用户处于商场、路上等公共场景中时，自身的隐私权还是受到保护的，不能被非法侵扰。也就是说，主播在公共场景中直播时，即使是在无意的情况下把其他人摄入了视频中，成了视频直播镜头下的风景，也不能在没经过用户许可的情况下上传至直播平台。

11.1.5 逃税暗礁，影响恶劣

如前文所说，头部和腰部的主播收入是较为可观的，但这样可观的收入涉及缴税的问题，比如与直播中的主播类似的明星也会出现逃税的情况。逃税也可能会构成刑事犯罪，如果主播逃税，不仅是对其自身，而且对整个直播行业也会造成极其恶劣的影响。

从薪资收入来看，直播的从业者收入还是相对较高的，特别是主播，于是，很多具有条件的人员看中了主播这一高收入的工作，蜂拥而上。

前文已经提到，主播的高收入是存在一定虚假的，其繁荣假象的出现主要来源于两个方面，如图11-2所示。

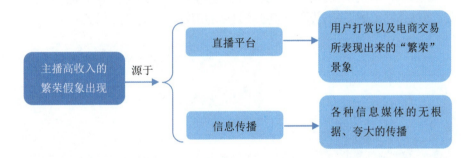

图11-2　主播高收入的繁荣假象出现

图11-2中所示的两个方面是用户直观看到和感受到的，它们使得人们认为网络视频主播的收入真"高"。然而，从平台直播情况来看，打赏和电商交易的热闹场景毕竟是真实存在的，因此，从另一方面来看，也可以说并不是空穴来风，只是并不是网络媒体传播的"年薪百万、千万"那么夸张而已，如"人气火爆的主播月薪上万很普遍"的说法还是有一定的根据的。

在众多的直播平台上，是存在众多的人气主播的，他们都有着非常可观的收入，这就涉及了个人所得税缴纳的问题。

然而由于直播平台本身不同于线下实体企业的特性，以及那些有着线上店铺的主播收入的计算，这些都为个人所得税的缴纳提供了不确定性，更容易让主播寻找到逃税的漏洞。

然而从法律上来说，这种行为是可能会构成刑事犯罪的。如果主播逃税，不仅是对其自身，而且对整个直播行业也会造成极其恶劣的影响。

11.2 抓住痛点，明晰问题

视频直播的痛点，同时也是要注意的要点，从内容、资本、结构、受众、运营等各个方面都要注意妥善经营，朝着正确的方向向前发展才是可行之道。本节将主要介绍几个方面的痛点，希望主播们能引起注意。

11.2.1 低俗倾向，随时"封杀"

虽然网红等人物 IP 拥有很强的吸金能力，但其最明显的痛点就是随时可能遭遇封杀的低俗文化倾向。

网红的火爆让政府部门也十分关注，他们进一步加强了对网络直播平台的管理。同时，文化部也针对主流直播平台进行彻底检查，查封了其中涉嫌含宣扬淫秽、暴力、教唆犯罪等内容的互联网文化产品。

同时，文化部还制定了《关于加强网络表演管理工作的通知》，主要内容如图 11-3 所示，相关从业者很有必要去了解其中的详细内容。这个通知的推出，可以有效加强网络表演的管理，使网络文化的市场秩序更加规范。

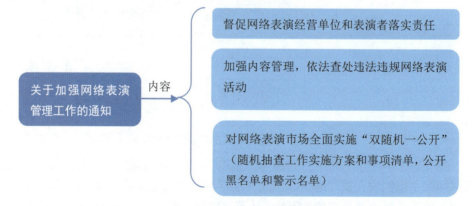

图 11-3 《关于加强网络表演管理工作的通知》的主要内容

因此，各个直播平台以及网络表演的相关企业都要加强自身的管理，打造合法的内容，有序地经营，为用户带来更多拥有正确价值观的产品和服务。

11.2.2 同质内容，审美疲劳

互联网上的内容平台虽然很多，但其运营模式和内容形式大相径庭、千篇一律，同质化现象十分严重，这样容易让观众产生审美疲劳。

在人物 IP 尤其是网红市场中，同质化竞争主要表现在内容层次方面，典型特点是同一类型的直播内容重复，而且内容替代性强。也许你今天红了，明天就

很快被别人复制并取代了。

因此,直播平台或企业在做 IP 内容营销时,不能一味地模仿和抄袭别人用过的内容,必须学会发散思维,摆脱老套噱头模式。

我们可以从生活、学习、工作中寻找发散思维,这样才能持续制作出有吸引力的内容。当然,随着 IP 市场的进一步成熟,会出现更多优质的原创内容,这也是市场发展的大势所趋。人物 IP 必须持续地生产内容将 IP 衍生到各个领域,这样才可以实现更多渠道的流量变现,也才能拥有更强劲的生命力。

11.2.3 资本介入,影响风格

网红直播市场引来了大量的资本关注和资金注入,这虽然为市场发展提供了强大的动力,但资本一般会对被投资人有一定的要求,这对于 IP 的内容创作也形成了一定的影响和制约。

因此,我们可以尽量寻找与自己内容观点相符合的投资商来合作,这样才能在内容中更好地体现出个人、产品、企业或品牌的内涵特点。

11.2.4 受众转移,成本变低

随着移动互联网的发展,每个人可能都拥有不同的社交平台、直播平台以及各种新媒体平台的账号,同时也会在不同平台之间游走。

例如,对于直播主播来说,直播的时间一般不会太长,用户可以非常随意地打开一个网页平台,或者关闭一个网页平台。这也意味着,主播的受众群体的转化成本实际上是非常低的。

在这种情况下,对于人物 IP 来说,要维护好一个稳定的粉丝群体就变得更难了。由于受众群体转移成本在互联网中会变得更低,他们可以随心所欲地换各种自己喜欢的平台或内容,也许会被其他平台的内容所吸引,而抛弃以前关注的对象,这对于 IP 来说就容易出现粉丝的流失。

因此,直播平台或企业在进行 IP 营销的过程中,可以通过微博、微信等社交媒体与粉丝进行深度互动,让他们在这个平台上投入一定的时间和精力,付出更多的成本,这样他们在转移时也会考虑这个转移成本的问题。

11.2.5 运营监管,难度大增

随着网络视频直播的深入发展,泛娱乐直播模式发展得越来越完善,模式的完善带来了内容的不断丰富,同时也使得一些不健康的内容涌现出来。我们经常能在新闻上看到关于直播的负面报道,这导致直播平台方不得不加大力度对直播内容进行整顿和监管。

由于直播内容之宽泛、直播涉猎领域之广泛，再加上直播中一些"灰色边缘地带"的存在，使得直播平台方对其运营监管感到有些力不从心，其运营监管成本也成为一大难题。

对于网络直播平台而言，在众多平台中脱颖而出，并进行引流、实现盈利才是最终的目的。而基于这一目的，不少平台开始在"灰色边缘地带"游离，在直播优质内容的打造方面纯粹是为了吸引受众注意，而不是真的从优质内容角度出发来发展直播。从直播出现发展至今，一些直播平台的节目内容打造开始进入发展的两大雷区，即无实际价值内容和违法违规内容，这样的行为存在着实际意义上的发展风险。

因此，直播平台运营者和主播在进行节目内容打造的过程中，应该注意言之有物，严格要求自身，保证提供给受众的是实质意义的内容，而不能是一些毫无实际意义的"无聊内容"，更不能是一些违法违规内容和错误引导受众价值观的内容。

想要做到让直播内容完全远离内容雷区，除了直播平台和主播对自身行为的约束外，还应该在市场监管方面下功夫。需要注意的是，相对于电影、电视剧等传播方式而言，直播的即时性特征使得其是无法进行提前审查的，而直播结束后的惩罚相对于所造成的不好的影响而言，已经于事无补。

11.2.6　著作版权，争议不断

网络直播的市场越来越大，这其中资本的鼎力支持很关键，可以说网络直播的投资就是一场"烧钱大战"。同时，资本融资也意味着企业对人气 IP 即将展开争夺。

但是，目前我国司法界对于网络直播节目是否具有著作权的问题，存在较大分歧，因为这其中涉及独创性的问题。于是，这对网络直播产业的投资保护产生了直接的影响。

以网络游戏直播类节目为例，首先，我国目前的法律没有对独创性做出明确的规定，司法上对直播节目是否具有独创性也具有争议。其次，网络游戏直播可以分为两种类型，即：

（1）主播自己录制的网游直播节目；

（2）大型电子竞技比赛直播节目。

这二者在权利属性上有所不同，因此在保护方式上应该也有所不同。那么应该怎样保护不同类型的直播视频呢？这应该根据独创性的高低类分别保护。

由于制作大型电子竞技赛事直播节目一方面需要原创，又极其复杂；另一方面具有重要的产业价值，因此将其归为作品类型进行保护。而游戏主播、玩家自

制的网游直播没有太大的独创性，仅为对游戏视频的客观解说，不能构成作品，因此则归入录音、录像制品类型。

11.2.7 自采内容，舆论洪流

移动终端技术的发展为直播用户自发生产内容提供了更大空间，激发了普通人成为主播的梦想和热情，并在具有了一定条件的情况下可成功开启主播等级，如图11-4所示。

图11-4 开启主播等级入口

然而，在公布的《互联网新闻信息服务管理规定》中，规定了"非新闻单位依法建立的综合性互联网站不得登载自行采写的时政类新闻，只能转载规范新闻"。因此，当自采内容的直播涉及时政类内容时，就违反了相关规定，同时还有可能形成舆论洪流，影响社会热点问题的正确分析。

更重要的是，考虑到文字监控技术的发展易造成删帖，视频成了新的舆论传播形式。因此，一些舆论事件源头，开始转向直播或短视频，从而使得直播或短视频成为网络内容监管的新的挑战区域。

11.3 三观不正，影响不良

在进行直播运营时，传递出来的价值观能体现一个直播平台的优劣。特别是视频直播平台中的很多主播传递出了错误的价值观，给社会带来了不良的影响。

11.3.1 粗俗内容，难以长久

粗俗的原意是指一个人的举止谈吐粗野庸俗，如"满嘴污言秽语，粗俗不堪"。也许，你可以靠"俗"博得大家的关注提升名气，但难以得到主流社会的看好，而且存在很大的问题和风险。

因此，直播平台、产品、企业或品牌，都应该努力传递主流价值观，做一个为社会带来正能量的人。

比如，我们可以借助互联网，多参与一些社会慈善和公益活动，打造一个助人为乐、传递正能量的 IP 形象，在互联网内容中要坚守道德底线并多弘扬社会道德，引导正面舆论，为广大网民树立正确的世界观、人生观和价值观。

11.3.2 盲目拜金，陷入沉沦

拜金主要是指崇拜金钱。当然崇拜金钱并没有错，商业社会中的人都是以赚钱为目的。不过，如果你唯利是图，什么事情都想着赚钱，不择手段且盲目地追求金钱，这就是一种极端错误的价值观。

耶稣说过："一个人赚得整个世界，却丧失了自我，又有何益？"因此，我们在打造 IP 时，切不可盲目崇拜金钱、把金钱价值看作最高价值，必须有"拒绝拜金，坚守自我"的心态。

11.3.3 物欲膨胀，丧失本心

除了拜金外，物欲也是一种错误的人物 IP 价值观。物欲是指一个人对物质享受的强烈欲望，在这种欲望的控制下，可能会做出很多错误的事情。《朱子语类》中曾说过："众人物欲昏蔽，便是恶底心。"说的就是那些疯狂追求物欲的人，他们的心灵必定会空虚，而且会经常做出一些荒唐的事情，最终只会让自己变成一个虚有其表、华而不实的人。

例如，西周时，周幽王就曾自导自演了一幕"烽火戏诸侯，褒姒一笑失天下"的历史闹剧，这就是玩物丧志、色欲失心的典型案例。

因此，打造直播内容时应该将物质追求和精神追求相辅相成，多注重精神层次和幸福感，不能一味地追求物欲，否则你很容易被它牵着鼻子走。

11.4 内容技术，一起上阵

既然了解了直播中存在的这么多误区，那么我们要如何避免走入误区呢？本节将从技术、规章、内容等方面告诉大家规避误区的策略。

11.4.1 人工智能，打破瓶颈

"直播+人工智能"的出现，极大地提高了用户的直播体验。花椒直播首次推出的机器人直播吸引了 200 多万用户观看，累计一小时的直播获得了价值约 120 万元的打赏礼物，效果可谓惊人。

为什么用户对人工智能如此感兴趣？可能直播内容的同质化已经使得广大用户感到审美疲劳，而"直播+人工智能"的形式让人们眼前一亮。试想，观看机器人进行才艺表演，与机器人进行交流互动是不是很新鲜呢？毕竟大部分用户没有与机器人互动的亲身体验，而"直播+人工智能"则提供了这个机会。

通过技术改善用户体验，直播平台突破内容同质化，从直播行业中"突围"显然是应对直播危机的一个明智之选。而今后的直播平台竞争也会以技术创新为核心，力争在直播行业中创造出属于自己的一片天地。

11.4.2 解决策略，进行创新

事实上，直播不能成为一种独立的商业模式，它只是一种工具，必须与其他内容、渠道相结合，才能发挥出自身的无限魅力。而直播平台最需要做的就是利用各种办法拉拢用户，并从用户身上获取长期的价值。

那么直播平台应该如何吸引用户的注意呢？笔者将策略总结为 3 点，即：

（1）直播内容要创新净化；

（2）直播渠道要多样化；

（3）直播平台要特色化。

直播行业的竞争越来越激烈，要想在其中生存下来，并不断发展壮大，就应该从内容、渠道等方面创造优势，营造强大壁垒。

11.4.3 垂直领域，边路突破

网络直播行业的发展速度已经远远超过了人们的预期，而直播内容的边缘化现象也是层出不穷。文化部对于这种情况已经做出了相应的监管，这也意味着直播平台"擦边球式"的直播时代已经过去，而各种"直播+垂直领域"模式的出现，则表明新一轮的直播大战即将开始。

实际上，直播与垂直领域的结合本来就是大势所趋，是由用户需求导向的。一个直播平台想要长久地留住用户，增强用户的黏性，就一定要提高直播内容的专业性。

当然，垂直领域与直播的结合也有难度。与单纯靠颜值、才艺吸引用户的主播不同，"直播+垂直领域"对主播的要求更高，只有在专业知识方面要有过硬的本领，这样才能经营好用户，让用户转变为"铁杆粉丝"。

跨界融合是直播行业不断向前发展的必经之路，也是比较有潜力的发展方向。如今，各大直播平台已经陆续推出了"直播+医疗""直播+旅游""直播+电商""直播+体育""直播+游戏""直播+发布会""直播+选秀""直播+演唱会"等模式，而在以后，还会有更多的"直播+XX"模式不断上线。而这对于直播行业来说，确实是可行之道。

11.4.4 技术手段，一改风气

对于一个视频直播平台来说，涉黄、涉毒、涉赌的内容都属于违法内容，且都有一定的风险。那么直播平台的经营者应该如何有效避免直播平台出现这些内容，规避风险呢？这时，就需要借助技术手段的监控和预警了。

比如，国内知名云计算机 UCLOUD 已经针对网络直播的不良内容推出了云直播 ULive 鉴黄功能，能够对复杂的网络内容进行高效率自动识别，精确度达到 99.5%。不光是直播平台方可以运用这项技术来对直播平台进行有效监管，而且直播用户也可以使用该项功能。

为了打造一个健康、绿色、合法的网络直播平台，光靠自律是远远不够的，只有先进的技术手段才能有效监管网络直播内容，改正网络直播中的不良之风。

目前，各大网络直播平台已经纷纷开始对直播内容进行监管和整改，整体情况得到了一定的好转。相信随着技术手段的不断革新和普及，网络直播的内容将会不断净化，直播行业将会迎来一个美好、健康的未来。

11.4.5 传统文化，内容突破

传统文化本身存在巨大的传承意义和经济变现的价值，而将其与如今火热发展的直播平台相结合，形成"直播+传统文化"的模式，这样会给广大用户带来优秀传统文化的直观感受。

这一突破对于直播行业来说，是内容的深化和净化；传统文化会使直播变得更加区域化、平民化、实用化。可以说，"直播+传统文化"是一次极其有意义的尝试。

当然，传统文化直播的发展也存在不少问题，比如现在直播平台的受众大多为年轻群体，他们对传统文化的产品了解较少，一时之间很难对其产生强烈的兴趣。而且，这种文化类的企业很难在短时间内获得巨大的利益，故而投资人在选择投资时会慎重考虑。

11.4.6 规避内容，冷静思考

直播行业虽然是一种网络文化的传播模式，但它也应承担一定的文化职责。

同时文化部应对其严加监管，那么，应该如何打造一个具有发展前景的视频直播呢？笔者将需要规避的问题总结为3点，即：

（1）版权问题；

（2）隐私问题；

（3）广告问题。

每一位视频直播平台的运营者都应该时刻关注、冷静思考这些应该规避的内容，只有及时关注动态，才能有效规避这些问题，从而保证直播平台不断向前发展。